「新しい政治」への

胎動

戦後を支えた
自民党体制の崩壊

氷川 清太郎

財界研究所

目次

序章　自民、民主の最終決戦

第一章　自民党崩壊への序章

第二章　「大連立」構想の真相

第三章　変貌する創価学会と政治

第四章　「自信過剰」で解散を逸した麻生

第五章　政界再編の主役の座を狙う政治家たち

第六章　窮地の民主、反転攻勢

第七章　楽天宰相の危険な賭け

終章　政治再生の萌芽

付録　政治年表

写真提供　共同通信社

序章

自民、民主の最終決戦

日本の政治はどうなるのか?

日本列島が衆院解散・総選挙に向けて走りだした。世界的な金融危機に端を発した景気の低迷、将来を託せない社会保障制度、北朝鮮のミサイル開発や核実験、経済発展に伴って軍事的にも台頭する中国の覇権拡大——。自民、民主両党の最終決戦の行方が、この国の将来の姿を大きく左右するのは間違いない。

衆院選を控え、二〇〇九年四月二十七日に行われた首相・麻生太郎と民主党代表・鳩山由紀夫との党首討論。鳩山は企業・団体献金の三年後完全禁止などを盛り込んだ民主党案に同調を求めたが、首相は「(政治資金規正法)違反の話を棚上げにして制度の変更とは、単なる論旨のすり替えだ」と反撃。「国民の最大の関心事は西松(建設)の問題だ」と強調し、西松建設の巨額献金事件で秘書が逮捕された民主党代表代行の小沢一郎が「説明責任」を果たすよう要求した。

鳩山は二〇〇九年度補正予算案を税金の無駄遣いだと批判して「麻生政権は官僚任せだ。私たちは国民、市民、生活者起点の政権をつくりたい。新しい日本が生まれるスタートラインに立たなければいけない」と政権交代の必要性を訴えた。麻生VS鳩山の初の党首討論は衆院選を意識し、政策論争とは程遠い「弱点」攻撃、アピール合戦に終始した。

「責任政党」を標榜して、景気回復に向け積極的な財政出動を図り、小泉構造改革路線を軌道修正させる麻生政権。これに対し、民主党は「官僚主導」から「政治主導」への抜本的な転換を全面に打ち出した。麻生は党首討論で「どのようなことを民主党がなさろうとしているか、社会保障や安全保障の問題で極めて不安を抱かざるを得ない」と鳩山を攻め立てた。民主党が訴える農家への戸別所得補償や「子ども手当」の見直しに必要な財源を具体的にどのような行政改革、無駄の見直しで捻出するのか。選挙戦で説得力ある政策、将来像を示し得るか否かが、民主党の勝負どころだろう。「政権交代」のキャッチフレーズだけで与党になったところで、この国のかじ取りは早晩行き詰まる。

衆院選結果の四パターン

総選挙後の政界の「景色」はどうなるのだろうか。まず現状を確認しておきたい。

衆院は定数四百八十議席で、内訳は自民党三百三、民主党・無所属クラブ百十二、公明党三十一、日本共産党九、社会民主党・市民連合七、国民新党・新党大地・無所属の会七、無所属九、欠員二。過半数は二百四十一議席である。

各党選対の見方を総合すると、四百八十議席のうち、五十議席前後を自民、民主両党以外の政党が獲得する。裏返せば、およそ四百三十議席をめぐり、自民党と民主党で争奪戦が繰り広げられることになる。つまり、比較第一党となるには、二百十六議席が軸となる。

衆院の過半数は二百四十一議席。この数字を目指して、どのようなパターンが理論上、予想されるか、シミュレーションしてみよう。

（1）自民党が単独過半数
（2）民主党が単独過半数
（3）自民党が比較第一党
（4）民主党が比較第一党

大きく分類すれば、この四通りになる。

各種世論調査を総合すると、現時点では自民党が単独過半数を取る可能性はかなり低く、（2）（3）（4）のいずれかが現実的に想定し得る。四つのパターンのうち、民主党が単独過半数を獲得する場合は、参院も民主党が社民党、国民新党などと併せて多数を占めており、衆参両院で過半数を握る民主党中心の連立政権が発足する。

「過半数が取れれば一番良いが、少なくとも一議席でも自民党に勝ち、第一党になる」（民主党代表の鳩山由紀夫）「自民、民主両党のうち、比較第一党を取った政党が次期政権を担当することができる。比較第一党の戦いになる」（自民党選対副委員長の菅義偉）

二人の言葉通り、両党とも譲れない目標は「比較第一党」で、（3）と（4）のケースである。

そこで、この二通りについて検討してみたい。（3）のケースは比較的わかりやすい展開になるだろう。自民党が二百十六議席取れば、公明党が二十五議席でも過半数に達する。公明党は二十―三十議席の獲得が予想されている。つまり、自民党が比較第一党になれば、公明党と合わせて過半数の二百四十一議席を死守できる可能性が高い。

ただ、参院（定数二百四十二、過半数百二十二）で二十議席弱足りない。この穴をどう埋めるかが難題になる。予想される選択肢は、民主党からの引き抜きか、民主党との大連立である。民主党から引き抜いても過半数を数議席超える程度であれば、政権は安定しない。なぜなら、二〇一〇年夏の参院選の改選議席百二十一のうち、自公合わせて過半数を獲得するためには、自民党だけでおよそ七十議席を取らなければならないからだ。これは相当厳しい数字である。

混迷のシナリオ

最も展開が読みにくいのは、民主党が比較第一党になる（3）の場合である。

民主党が二百十六議席とし、共産党と社民党・市民連合、国民新党・大地・無所属の会が現状維持のそれぞれ九議席、七議席、七議席だったとしよう。この場合、民主党と三会派を合わせても二百三十九議席に過ぎない。民主党が二百二十議席のケースだと計二百四十三議席となり、過半数ラインを上回る。

だが共産党は首班指名で民主党代表に投票しても、政権入りする可能性は限りなくゼロに近い。民主党が自民党を切り崩さず、かつ公明党とも協力せずに、過半数の連立与党を共産党以外の野党三会派で構成するには、やはり民主党だけで二百三十議席程度が欠かせないのだ。

民主党が比較第一党になる。しかし、共産党を除く野党各会派で過半数に及ばない。その場合、民主党はどう政局に臨むのか。取り得る選択肢は大きく二つになるが、その際に代表代行の小沢が主導権を握り、鳩山と組んで何らかの仕掛けをしてくる公算は決して小さくない。

まずは「大連立」の呼び掛けである。これは自民党の分裂にもつながるかもしれない。憲法の規定で衆院解散による総選挙の日から三十日以内に特別国会が召集され、首相指名選挙が行われる。衆院の議決が優先されるため、衆院で過半数を得た者が首相に就任する。

第二党に転落した自民党は麻生の交代を余儀なくされるだろう。その場合には、総裁選が行われる。勝者か敗者のいずれかが民主党との連立を決断し、一方が反対すれば、自民党は首相指名選挙で分裂含みになる。

「自民党から五十人連れてくれれば、あなたが総理だ」。小沢は新生党の党首だった一九九四年四月、細川護熙内閣退陣を受けて渡辺美智雄にこう耳打ちしたが、渡辺は十数人しか集められず離党を断念した。自社さ政権となる村山富市の首班指名選挙でも、自民党にいた海部俊樹を連立政権の統一候補に推し立てた経緯がある。このケースでは今回も小沢らによる自民党の一部を取り込む動きが始まる可能性は高い。しかも参院では野党で多数を握っているわけだから自民分裂を仕掛けやすい。自民党内から、民主党との連立を前提とする新党結成の動きも出てくるかもしれない。

小沢は同時に、公明党を一気に閣内に取り込まないまでも、自民党から離反させて、閣外協力から民主党内の「敷地」に引っ張り込む作戦にも打って出るだろう。これが二番目の選択肢だ。公明党は自民、民主を巻き込んだ再編劇で双方からはじかれるか、あるいはキャスティングボートを再び握るのか。衆院選後の政局の隠れた大きな焦点である。

民主党にとって対自民党と対公明党。この二枚のカードは相互に連関しており、自民党揺さぶりの動きを活発化させれば、公明党が擦り寄ってくる展開が現実味を帯びてくる。

民主党が単独過半数、自民党が比較第一党、民主党が比較第一党――。いずれの審判が下るのか、衆院選までの最終攻防が、その流れを決定付けることになろう。

第一章

自民党崩壊への序章

「安倍官邸崩壊」本当の理由

安倍晋三、福田康夫の二人が、わずか一年で相次いで政権を投げ出したことは、戦後の日本の発展を支えてきた自民党の劣化を決定的に印象付けた。この二人の首相が政権を投げ出すに至る理由は全く異なるものの、二人の経歴を見ると浮かび上がる共通点がある。安倍、福田ともに当選わずか五回と六回。初当選から十数年で首相の座に上り詰め、いずれも閣僚経験は官房長官だけで、主要官庁の大臣を経験していない。いわゆる五十五年体制が出現して五十年余り。八党会派連立の非自民の細川政権と自民党が社会党委員長（当時）を担いだ村山政権という二つの変則的な政権を除くと、そうした首相は過去に存在しない。つまり、党内を説得し、霞が関の官僚を使いこなし、野党と対峙しつつ責任を持って法案を通すといった経験を十分に積まないまま、トップの座に就いた稀有なケースなのだが、それは偶然ではない。自民党が長年培ってきた人材育成・供給システムが崩壊した帰結であり、それが相次ぐ短期の政権投げ出しを生み出したとも言えるのだ。

安倍の場合、政策に関しては、「戦後レジームからの脱却」を掲げ、憲法改正に道筋をつけることや、官僚主導政治から脱却して官邸主導体制を整えることなど目標をしっかりと掲げていた。だが、何より不足していたのは、人を使いこなすことができるだけの経験と器量だった。

その萌芽は、安倍が自民党総裁に就任する前から見られた。総裁選が告示された二〇〇六年九月八日。赤坂プリンスホテル（現グランドプリンスホテル赤坂）「五色」の大宴会場で行われた安倍の出陣式には、代理出席も含めると党所属国会議員の六割に当たる二百四十五人も出席。会場は熱気に溢れていた。だが「来賓」として壇上に上った元首相の森喜朗は、「（安倍）陣営には甘えがある」と苦言を呈した。実は「甘え」どころか、はじめから勝利が前提の安倍陣営の中は、このとき既に「功名争い」で混乱を極めていた。

安倍支持の若手議員の会として有名になった「再チャレンジ議連」。党内ではこの年のＮＨＫの大河ドラマ『功名が辻』にひっかけて、「功名が辻議連」と揶揄されていた。この議連に参加している中堅・若手議員らの間で「功名争い」による軋轢がエスカレートしていたからだった。

総裁選告示の直前には、安倍を全国のどこに遊説させるかや党本部に届け出る二十人の推薦人を誰にするかなど些細な問題を巡って、いずれも安倍側近を自任する森派の下村博文（安倍政権で官房副長官）、参院森派の世耕弘成（同じく広報担当首相補佐官）、津島派の山口泰明らが怒鳴り合いの喧嘩を繰り返した。これを見かねた若手議員が安倍の秘書に仲裁を頼んでも「安倍本人は選挙運動には関わらないことになっていますから」と拒否され、安倍自身も面倒な争いごとからは逃げ回るばかりだから混乱はいっこうに収まらない。こうした側近同士の「巧名争い」が政権発足後は、そのまま首相官邸に持ち込まれ、政権の崩壊を早めることになる。世に言う「官邸崩壊」である。

再チャレンジ議連は、ベテラン議員たちとの間でも次々と問題を引き起こした。安倍の政権構想のリーフレットを巡っては、安倍事務所が、追加分を含めても五万部しか印刷しなかったため、再チャレンジ議連の選対、各派閥幹部が中心となった選対、安倍の出身派閥である森派独自の選対の三つ巴による「争奪戦」が勃発した。その最中、参院議員の山本一太が「再チャレンジ議連で全国街頭キャラバンを展開するから」と二万部を要求。これには、他の二つの選対が「幹部党員に配るだけでも足りないのに」と強く反発し、森派の選対委員長を務める細田博之が山本を呼び出し、「自分で金を出してカラーコピーでもしろ」と怒鳴り上げる一幕もあった。足の引っ張り合いは、中川秀直、町村信孝、尾身幸次といった森派幹部の間でも強まっていた。もともと仲の悪い三人の「功名争い」は、互いのマイナス情報を安倍の耳に吹き込むところまでエスカレートする。しかも、この争いには、森喜朗の後継の派閥会長ポストも絡んで複雑な様相を呈した。

安倍政権の発足を睨み、互いを意識しながら安倍に恩を売ってきた三人だが、安倍との距離で言えば、数年前から安倍政権実現に向けて根回しを進めてきた中川が最も近かった。中川は、森内閣の官房長官当時に発覚した女性スキャンダルもあって、自らが首相を目指す野心はなかった。それゆえに「先物買い」で早くから安倍に近付き、隣県同士の誼で地元・広島でのゴルフに誘ったり、互いに夫婦連れで旅行に行ったりと関係を深めてきた。また、小泉内閣で最初から最後まで閣僚を務めた竹中平蔵を講師にした経済の勉強会も安倍のために定期的に開いてきた。本人は安倍政権では幹事長ポストが回ってくるのが当然だと思っていた。一方、尾身も、派閥会長の森の指示を無視して、この年の初め頃から安倍と若手議員の会合を頻繁に開くなど、安倍政権の実現に賭けてきた。それだけに安倍も、尾身を重要ポストで処遇しなければと考えていた。

そうなると割を食うのが町村だ。本人は官房長官など重要閣僚を望んでいた。だが、それは望み薄だった。

とはいえ、それは町村にとって必ずしも悪いことではなかった。中川と尾身が三役や閣僚に入れば、派閥離脱が必要になり、派閥会長への就任は困難。森が当初、後継の派閥会長にと考えていた福田康夫は、就任を固辞。既に森も諦めている。必然的に、町村が後継会長の座に近くなる。しかも、安倍以外で、総理・総裁候補として派内に少しでも期待の声が上がるのは、町村だけなのだ。森が派閥会長を辞めたいと漏らすのは今に始まったことではなかった。それゆえ、派内でも「結局は森の続投だろう」との見立てが多かった。だが森の辞意は固かった。資金の面倒を見ても言うことを聞かず、勝手に飛び跳ねる若手議員たちの姿を目にすれば「今さら派閥のために資金集めで苦労するより、体協（日本体育協会）や日ロ議連の会長などの仕事に専念したい」と考えるのも頷ける。

だが、ここ数年、この派閥を資金面で支えてきたのは、町村と対立してきた中川であり、町村が会長に就任すれば、二人の実力者の対立が激化するのは火を見るより明らかだった。そうなれば派閥は分裂含みとなり、弱体化は避けられなかった。

いずれにせよ「安倍くんはまだ早い」と自重を促す森の制止を振り切って安倍が総裁選に出馬し、閣僚人事でも言うことを聞かなかったこともあって森はやる気を失い、安倍の出身派閥・森派は空中分解の危機にあった。小泉にならって「脱派閥」で世間の喝采を浴びたい安倍は「それでいい」と考えていたが、実は小泉政権でさえ、苦境に陥った時に裏で政権を支えたのは森派の議員や派閥事務所の秘書たちだった。森派の弱体化は、安倍政権を支える一つの核が失われかけていることを意味していた。

人事をめぐる知られざる暗闘

振り返って見れば、安倍政権をわずか一年で終わらせた元凶のひとつは、内閣発足時の人事にあった。問題の中核は幹事長人事だった。そこには、決して表に出なかった水面下の暗闘があった。この人事にあたって、安倍は小泉構造改革路線の継承と「保守の理念」の実現という、自らが掲げた二枚看板のうちどちらを優先させるのか、また派閥という存在をどこまで尊重するのかしないのかといった根源的な問題にいきなり直面した。

安倍が政権を獲得する上で大きな後ろ盾となったのは、自らの政権下で安倍を幹事長や官房長官に抜擢し、事実上、後継指名した小泉純一郎とその意を受けて動いた中川秀直だ。女性スキャンダルで森政権の官房長官を途中辞任した中川は、小泉に言われるまでもなく、安倍を首相に押し上げることによって復権を図ろうと考え、安倍との関係を意図的に深めてもいた。

ただ、同じ清和会（＝森派・町村派）の中にあっても、保守・タカ派の理念を掲げる安倍は、どちらかといえばリベラルな中川とはもともと疎遠だった。むしろ同じ保守派の平沼赳夫や中川昭一らに親近感を抱いていた。

だが、森が自らの政権で中川を官房長官、安倍を副長官にそれぞれ起用して以来、二人の距離は急速に縮まった。二〇〇五年の正月には中川が安倍夫妻をハワイに誘い、両夫妻で一緒にバーベキューを楽しみつつ、「ポスト小泉はあなたしかいない。私は安倍政権の実現に全力を尽くす」と安倍に総裁選への立候補を強く促した。その後も、中川は、自重を促す「兄貴分」の森に逆らってまで、「安倍首相」の実現に向けた根回しに奔走する。安倍にとって中川は、首相就任を後押ししてくれた大恩人であることに間違いなかった。だから、中川を幹事長に起用したことは当然だと思われていた。だが、実はそこに至るまでには凄まじい暗闘があったのだ。

総裁選投票日の頃まで、安倍は幹事長に麻生太郎の起用を考えていた。それがなぜ中川に替わるのか。新聞報道などでは、祝日だった九月十八日夕、安倍が人目を忍んで六本木ヒルズ内の森の自宅を訪ねた際、森から中川の幹事長起用を強く求められ、安倍がそれを受け入れたとされている。だが、真実は異なる。その前日の九月十七日、森は、安倍がある経済人に「中川さんを経済財政担当相に起用したいので受けるよう説得してほしい」と頼み込んでいることを知って驚き、直ちに中川に連絡を取った。

「どうなっているんだ」と尋ねる森に対して中川は、「私も何も言われていないんですよ。安倍さんに聞いてくれませんか」と頼み込んだ。安倍の真意が読めずにいた中川はかなり憔悴していた。中川と安倍の関係を心配した森は、直ちに安倍に連絡を入れ、それを受けて翌十八日、安倍が森の自宅を訪ねたのだった。

「中川くんには世話になっているじゃないか。人事を決めるのは君だが、いつまでも焦らすと相手は不信感を持つぞ」

こう助言する森に対し、安倍は「中川さんには閣内で経済政策の司令塔になってほしいと考えています」と明かした上で、幹事長には、麻生太郎を起用したいと告げた。その理由として安倍は、麻生が総裁選に立候補しながらも、討論会などでは事実上、自分の応援団の役割を果たしてくれたこと、また、総裁選を通じ、麻生に国民的人気が生まれたことから、翌年の参院選に向けた党の顔として最適だと判断したのだと告げた。

安倍の説明に耳を傾けていた森は言葉を返した。「君の気持ちはわかった。だが、その場合、官邸はどうするんだ。中川くんが幹事長なら別だが、幹事長も官房長官も他派閥（森派以外）というのは絶対に駄目だ。そもそも政権運営が難しくなるぞ」

安倍が官房長官には他派閥の塩崎恭久の起用を検討しているとの情報を得ていた森は、こう安倍に釘をさした。しかも塩崎は、森との関係がもともと良くないのだ。だが、安倍の口調から「麻生幹事長」は動かないと判断。麻生とは、同じ文教族で親しい関係にある上、小泉内閣の五年間で中川との間にかなり距離が出来ていたこともあって、安倍の構想にそれ以上は、異論を挟まなかった。

その証拠に森は、その後、自分の個人事務所を訪ねてきた麻生に対して、幹事長に起用される可能性が高いことを直接、伝えている。それゆえ、麻生は三役人事が決まる前夜まで、幹事長就任を信じ、幹事長代理や国対委員長の人選まで密かに練っていた。

安倍の目算が狂ったのは、その後、中川と二人で話し合った時だった。安倍は、森邸訪問の翌十九日と総裁選翌日の二十一日に、中川とサシで会談している。

「中川さんには閣僚として安倍政権の経済政策全般を仕切ってもらいたい」

安倍が意を決してこう持ちかけると中川の顔色が変わった。「閣僚は絶対に受けないと前から言っているでしょう」と強く拒絶。さらに「それなら一切役職は要らない。ちょうど森さんが派閥会長を辞めると言っているし、ムラ（＝派閥）に戻って派閥（会長）をやる。無役でいい」

中川の決然とした口調に安倍は慌てた。「自分を幹事長にしないのなら、今後、君のことは知らないぞ」と半ば脅迫されたと受け止めたのだ。閣僚を拒否された場合は、政調会長に留任させることを考えていた安倍だったが、中川の剣幕にそれも言い出せずに終わった。安倍は中川の心中を読み違えていた。

小泉の後継としてロケットスタートを切った安倍内閣

結局、安倍は、幹事長を中川にすることを決断し、二十一日には本人に伝えた。これにより、安倍の人事構想は大幅修正を余儀なくされる。当初は、重要閣僚への起用を考えていた中川昭一を中川秀直の後の政調会長に登用。麻生は外相に留任させた。安倍は、自分と政治理念を共有する中川昭一の三役起用で、幹事長の独走をけん制しようと考えたのだ。

だが、その中川秀直は幹事長就任後も、「安倍さんはタカ派でもハト派でもない。国益に立脚した『ワシ派』だ」などと繰り返した。

安倍のタカ派志向にブレーキをかけることが自らの役割だと考えていたのか、十一月の講演では、「左のウィングに懐を深くする安倍自民党をつくっていきたい」とも発言。リベラル嫌いの安倍の気持ちを逆なでした。言うまでもなく、首相と与党幹事長との関係は、政権の帰趨に直結する。だが、安倍と中川との政治理念の違いは埋めようもなく、幹事長起用をめぐる最初の行き違いは、当然のようにその後の政権運営にも影を落とした。それを決定付けたのが、いわゆる「郵政造反組」の復党問題の処理だった。

「売り物」を放棄した安倍

五十二歳の若さで最高権力者に上り詰めた安倍にとって、最初の関門は国会答弁だった。自ら「タカ派」であることを標榜してきた右派のイデオローグである安倍に対し、野党側が従来の政府見解との矛盾を突いてくることは明らかだった。

歴史認識問題で安倍はどう答えるのか――。永田町の関心はその一点に集中した。それは一九九四年、当時の社会党委員長・村山富市が首相就任直後、自衛隊を合憲と認めるかどうか、その国会答弁が注目を集めた当時を彷彿とさせた。

誰よりも安倍自身が重圧を感じていたのだろう。ブレーンたちとの議論で、過去の植民地支配や侵略に「深い反省と心からのお詫び」を表明した一九九五年の「村山首相談話」を受け入れることは既に決めていたものの、その先は決めかねていた。国会論戦が始まる前の週末は、ほぼ終日、東京・富ヶ谷の自宅に引きこもって国会答弁の検討を重ねた。

野党の出方は予想通りだった。安倍に対し、「村山談話」や、従軍慰安婦への日本軍の関与と強制性を認めた「河野官房長官談話」を受け入れるかどうか執拗に質した。

総裁選では曖昧な受け答えに終始してきた安倍だったが、二〇〇六年十月二日の衆院本会議での代表質問初日に、安倍はこれらの「談話」をあっさりと認め、今後も踏襲することを表明した。現実主義者である安倍らしい豹変ぶりだった。

だが、安倍は、かつて国会質問で、「河野談話の前提は崩れてきている」「教科書にその談話の記述が載ったのは問題だ」と批判していた。五日の衆院予算委で、民主党の菅直人が、その「過去」を取り上げ、「考えを変え、個人としても（河野）談話を認めるのか」と迫ると、安倍は「私も含め政府として受け継いでいる」と言明。週末の中韓両国訪問を控え、持論の封印を徹底させた。しかし、この答弁は両刃の剣だった。案の定、これまで安倍を支えてきた勢力からは、早速、批判の声が上がった。ある関係者は「ベタ降りだ。『言動がブレない』のが安倍さんの売り物だったのに――」と強い不満を漏らした。

ここでいう「安倍を支えてきた勢力」とは何か。その中心が、歴史・外交・政治思想に詳しい「五人組」と呼ばれる学者たちだ。その実名は、安倍政権発足の一カ月ほど前から断片的に報じられ出したが、彼らは安倍が総裁選出馬を視野に入れ始めた二〇〇六年初め頃から度々、安倍を囲んで勉強会を開いてきた。

五人のうち、著名な政治学者である京都大学教授の中西輝政と拉致被害者の「救う会」幹部である西岡力や島田洋一は、以前から安倍と近いことが知られていた。だが、安倍が本当に信頼するブレーンは、一般には余り馴染みのない残りの二人、日本政策研究センター所長（当時）の伊藤哲夫と高崎経済大学教授の八木秀次だった。とりわけ長年、地道に研究活動を行ってきた伊藤に対する安倍の信頼は厚い。伊藤は、一九四七年生まれ。新潟大学の学生時代から、左翼運動に対抗する形で右派の学生運動を主導。その後、宗教団体「生長の家」の支援を受けていた参院議員・玉置和郎の秘書を経て、神楽坂に「日本政策研究センター」を設立し、日本の近現代史などに関する論文執筆や講演活動を行ってきた。

その伊藤の学生時代からの同志が、現在、日本最大の右派組織「日本会議」の事務総長を務める椛島有三や、永田町での安倍の盟友である前衆院議員（現参院議員）の衛藤晟一だった。伊藤は新潟大学、椛島は長崎大学、衛藤は大分大学と、それぞれ地方の国立大学で右派運動を展開し、その全国組織を通じて知り合った仲間だった。

安倍と伊藤との付合いも、安倍が一年生議員だった時に一期先輩だった衛藤から伊藤を紹介されたのが始まりだ。そして、伊藤のアドバイスを受けた衛藤と安倍が、中川昭一らを巻き込んで一九九七年に設立したのが「日本の前途と歴史教育を考える若手議員の会」（通称＝教科書議連）だった。この議連の当時の役員や同年十二月に同議連が出版した本の執筆陣を改めて眺めてみると大変興味深い。議連は、会長が中川昭一、幹事長が衛藤、事務局長に安倍、事務局次長は下村博文だった。本の執筆者には、高市早苗や菅義偉らの名前が並ぶ。安倍政権では、中川が党政調会長、高市と菅が閣僚、下村が官房副長官と、落選中の衛藤を除き、軒並み重要ポストに就いている。

この議連が注目されたのは、慰安婦問題を記述した中学校の歴史教科書に公然と異を唱えたことだった。当時、議連では、「河野談話」に賛成・反対双方の立場の学者を呼ぶなどして議論を重ね、「いわゆる慰安婦問題がいかに歪曲されて伝えられているかが明らかになった」と結論付けた。安倍は、かつてそうした立場から国会で質問していたのだ。

また、同議連は「確たる証拠もなく、先方に求められるままに『強制性』を認めた」として、河野に談話の撤回を迫るという行動にも出た。それゆえ、安倍のブレーンたちは、安倍が「村山談話」を認めたことなどより、「河野談話」を受け入れたことに強い不満を持った。

話を安倍政権発足時に戻そう。安倍政権で官房副長官に就任した下村は、総裁選を前にした二〇〇六年八月二十九日、「『立ち上がれ！日本』ネットワーク」という団体が東京・九段下で開いたシンポジウムに出席した。ちなみにこのシンポジウムの司会は、先に紹介した伊藤哲夫。「五人組」からは、他にも八木秀次も参加していた。

この席で下村は、「安倍政権ではジェンダーフリー教育は即刻やめさせ、自虐史観に基づく歴史教科書は官邸のチェックで改めさせる」などと表明した。

それから一カ月。下村は官房副長官として、官邸で教育改革を推進する立場に就いた。

ところが、政権発足直後の〇六年九月二十六日、官房長官の塩崎恭久は、記者会見で「歴史教科書は官邸でチェックする」との下村発言について問われ、「下村さん個人の発言だ。官邸でそういう考え方を共有していることはない」と否定。「教育改革は文科省に任せては駄目だ」と力説していた下村自身、副長官就任後は「文科省とも一緒にやっていく」と態度を変えた。

十月十日、鳴り物入りで官邸に設置された「教育再生会議」のメンバー選びでも、下村は当初、八木らと相談して文科省の影響力を徹底的に排除する段取りを描いていた。だが、結局は文科省の意見も取り入れ、ノーベル賞学者の野依良治や元事務次官の小野元之らを委員に入れた。

いくら「官邸主導」と力んでみても、米国のホワイトハウスのように体制が整っているわけではない。その現実を前に、安倍や下村は持論を封印したのだ。だが、安倍政権下の教育改革の絵を描いてきた八木は、周辺に「下村さんとは『文科省を抵抗勢力にして改革をやろう』と話してきたのに官邸に入って変わってしまった」と強い不満を漏らすようになっていた。

「進むも地獄、退くも地獄」の復党問題

持論を封印して日中・日韓首脳会談を無難に乗り切り、国民の高い支持を得て「ロケットスタート」(中川秀直)を切った安倍だったが、その前に立ちはだかったのが、郵政民営化法案に反対し、離党を余儀なくされた無所属議員たちの復党問題だ。国民新党を結成し、民主党との連携を強める綿貫民輔や亀井静香らを除く十三人の国会議員たちは、無所属のまま自民党への復党を窺っていた。だが、彼らの復党に対する自民党内の意見は真っ二つに割れていた。

参院議員会長の青木幹雄ら参院執行部は、「参院選を前にして、強力な後援会を持つ彼らを敵に回したら勝てない。早急かつ一気に復党させるべきだ」と主張。年末が近付けば、無所属議員

たちが政党交付金目当てに新党を結成し、自民党離れを強めることを危惧した。

その一方で、幹事長の中川秀直らは「参院選のための数合わせでは国民の理解は得られない」と復党に慎重だった。その背景には、「郵政解散」で造反議員への「刺客」として立候補し、敗れはしたものの比例代表で復活当選した一年生議員たち＝「小泉チルドレン」の存在があったからだ。このうち十人余は、九月下旬に秘密会合を開き、「造反組の復党を認めることは有権者への裏切り行為だ」として、幹事長に反対の意見書を提出することを決めていた。小泉の最側近を自認する中川としては、彼らの意向に配慮しない訳にはいかず、慎重な考えを繰り返した。

だが、これには無所属議員たちのリーダー格である元経産相・平沼赳夫が強く反発した。平沼は「カードはこちらにある。『小選挙区は〞刺客候補〟に明け渡せ』といった条件付きの復党は認められない」と強気だった。平沼の選挙区がある岡山県では、当時の参院幹事長・片山虎之助が翌年の改選を控えていた。平沼はその当落のカギを自分の後援会が握っていると自負していた。片山自身、自分の選挙に自信が持てなかったため、小泉政権の頃から、政調会長だった中川に対し、平沼から協力を取り付けるよう再三、要請していた。

当時、安倍政権での幹事長を狙っていた中川も、翌年の参院選が厳しい戦いになることは十分に承知していた。小泉チルドレンらの反発を抑えつつ、無所属議員の力を利用したいのは山々だった。片山の要請を奇貨として、安倍政権発足前の八月段階から平沼に会談を申し入れていた。

当初は中川の申し入れを無視していた平沼だが、無所属造反組十三人の代表として自民党との交渉窓口に決まったことから会談に応じた。九月下旬、二人は人目を避け、昼食を共にしながら一時間余り会談した。二人はもともと同じ清和会（現在の町村派）に所属し、出世を競い合ったライバル。会談は腹の探り合いに終始したが、平沼は安倍が首相に就任したら、速やかに公の場で自分たちに復党を要請するよう求めた。

だが、肝心の安倍のスタンスが定まらなかった。実は、安倍自身が、首相就任前の二〇〇六年六月上旬、拉致問題での意見交換を名目に、拉致議連会長でもある平沼と極秘に会食していた。この席で安倍は、「平沼さんたちには早く復党してほしいが、小泉チルドレンら党内の反発もある。平沼さんたちと同じ選挙区の一年生議員と『コスタリカ方式』（小選挙区と比例代表との交互立候補方式）で住み分けるのであれば、党内のコンセンサスが得られやすい」と提案した。しかし、これには、平沼が「『刺客』候補の連中など俺はその存在すら認めていない。そんな条件を付けるなら復党は求めない」と激しく反発した。普段は温厚な紳士である平沼の剣幕に気圧された安倍は、会合の後、「復党問題の扱いは本当に難しいな」と漏らしている。

首相就任後、初めての国会論戦を乗り切り、週末には中韓両国との首脳会談を実現させて一息ついた十月十日夜。安倍は就任後初めて五人の秘書官を引き連れて赤坂プリンスホテル内の中華料理店「李芳」に出向いた。

毎晩のようにレストランや料理屋で会食を楽しんだ小泉とは異なり、安倍は官邸での執務を終えると、そのまま東京・富ヶ谷の自宅に帰宅することが多かった。政権発足直後で、まだ余裕がないこともあったのだろう。だが、日本酒やワインが好きで、和洋中いずれにも贔屓の店を持っているグルメの小泉とは異なり、安倍は下戸で食への拘りも少ない。もともと胃腸が弱いこともあって、会食よりも休養を優先させていた。

その安倍が、この日、二時間余も秘書官と会食したのには、やはり裏があった。安倍は秘書官との席を「籠脱け」。かじ取りを一歩誤れば政局になりかねない「復党問題」を協議するため、党参院議員会長の青木幹雄と密会していたのだ。二人の傍らには、幹事長の中川秀直と前首相の森喜朗が座っていた。

会談をセットしたのは森だった。その前年の郵政解散の前にも、森は同じ中華料理店「李芳」を訪れた小泉を「籠脱け」させ、青木と極秘に引き合わせて解散回避の道を探ったことがある。

郵政民営化法案に反対し、小泉によって自民党を追われた三十七人のうち、「郵政解散」に伴う衆院選で勝ち残ったのは十七人。かつて安倍と同じ清和会に所属し、安倍が指導を仰いだ平沼赳夫や大学時代からの友人・古屋圭司ら安倍と関係の深い議員も少なくなかった。このため、安倍は総裁選で、「郵政民営化賛成か反対かで選挙をやったが、それはもう終わった。新しい国づくりに多くの人たちに参加してもらう」と言い切り、彼らを復党させる考えを示していた。だが、政権発足後、安倍が復党話を具体的に進める気配はなかった。

その安倍を前に、青木は、独自のデータを織り交ぜながら、「参院選に勝つためには、造反組の早期、一括の復党が絶対に必要だ」と力説し、落選者を含めて一挙に復党させるべきだと強く迫った。森も「時間をおけば反対論も強まる。こんなものは一気にやってしまわなければ駄目だ」と同調した。

青木らの危機感の背景には、造反組に触手を伸ばす民主党代表の小沢一郎の存在があった。十月六日、小沢は前日、心臓病の検査を終えて東京・根津の日本医科大学付属病院を退院したばかりであるにもかかわらず、鳥取県米子市に飛んだ。衆院選で落選した郵政造反組の一人、川上義博を翌年の参院選で鳥取選挙区から民主党公認で擁立することを自ら発表するためだった。小沢は参院選では地方の一人区がカギを握ると考えていた。その一人区には郵政造反組が多い。小沢は、全国各地で造反組と密かに接触を重ねた。国民新党の代表代行・亀井静香や新党大地の代表・鈴木宗男とも連絡をとり、自分の手が届かない造反組には、亀井や鈴木を通じて接触して説得。自民党の実力者だった二人は、全国各地に後援会を張り巡らせ、造反組との関係も深いからだ。

現職ならともかく、落選した元議員が野党側に付いたところで、大した影響はないと考える向きもあろう。しかし、造反組が多い地方の県では、小泉政権の五年間で公共事業が激減。農政が軽視されたとの思いもあり、自民党への不満が強まっていた。自民党の各県連は毎年、政治資金集めの「政経文化パーティー」を開くが、各地の建設業協会がそのパーティー券の購入すら渋る事態が各地で起きていた。自民党離れが加速する地方では、強固な後援会組織を持つ落選組の集票力はバカにできなかったのだ。

結局、青木の迫力に圧され、安倍は「わかりました。幹事長に検討させます」と返答した。慎重派の中川も同意せざるを得なかった。この日の四者会談では、「年内の現職一括復党」を目指し、十月二十二日投票の衆院補選の終了後、中川ができるだけ早期に無所属造反組のリーダーである平沼と会って調整を始めることで大筋合意した。

ところが、前首相の小泉と前幹事長の武部勤がこれに待ったをかけた。

小泉は、首相退任後、衆院本会議に出席する以外、ほとんど永田町に顔を見せず、悠々自適の日々だった。十月二十四日、その小泉が午後一時からの衆院本会議に出席後、珍しく国会内の自民党幹事長室に立ち寄り、その場にいた武部や前副総裁・山崎拓と雑談した。

武部によれば、そこでは復党問題が話題となり、小泉は「参院執行部は間違っている。特定郵便局長とかの既得権益者の票を当てにしていたら参院選は勝てないぞ」と語ったという。

武部は、この小泉発言を直ちに記者団に披露した。さらに「（小泉首相秘書官の）飯島（勲）さんは『造反組の復党は、反小泉路線だ』と怒っている」と指摘し、「いい加減なことをしたら、俺も反安倍になって思い知らせてやる」と息巻いた。

ただ、武部が紹介した小泉発言には誇張があった。その証拠に小泉は十一月七日、約六十人の新人議員を前に「政治家は使い捨てにされることを覚悟しなければならない。甘えちゃ駄目だ」と造反組の復党を前提に話をしている。

それでも、小泉発言は波紋を広げた。そもそも、復党には国民を納得させるだけの慎重な手続きが必要だと考えていた中川は、党内が復党への賛否で分裂状態となり、それが世間に「小泉対安倍」と受け取られることを危惧した。中川の耳には「小泉チルドレン」たちが、「復党は国民への裏切り行為だ」として、本格的に反対運動を展開しようとしているとの情報も入っていた。

中川は平沼に電話をかけ、「党で世論調査をしたところ、復党への賛否は半々だった。いま私が動くとかえって難しい状況になる。沖縄県知事選挙も厳しいので、それまで会談を延ばしたい」と申し入れた。平沼も了承し、会談は沖縄県知事選後の十一月二十日の週に延期された。

中川に言い含められた安倍も、発言を微妙に修正した。十月二十三日には、記者団に「幹事長を中心に党本部で検討してもらいたい」と復党容認を滲ませていたのが、翌二十四日夕には、「国民の理解という観点からも検討していく」と一時は慎重姿勢を強めた。

「自民党は決して古い自民党に戻ることはありません」

秋も深まった十一月、結局、安倍は平沼を除く十一人の復党を認めた。十一月二十七日夜、安倍は、造反組の復党を認めることに関し、十一分にわたって記者団に説明した。首相官邸では、毎晩、首相が立ったまま記者団の質問に答える「ぶら下がり取材」が行われる。だが、安倍の首相就任以来、記者団の質問は途中で打ち切られることが多く、十分以上も取材に応じたのは初めてだった。世論の批判の高まりを意識したことが明らかだった。

この問題で、内閣支持率を低下させるに至った大きな原因は、中川が問題の処理に手間取り、時間をかけすぎたことだ。造反議員に誓約書の提出を求めるなど復党のハードルをどんどん高くしたため、復党推進派との党内対立が激化。中川は、森喜朗をはじめとする党内のベテラン組から集中砲火を浴びた。

問題の処理が長引いた背景には、安倍と中川の微妙なスタンスの違いがあった。同時に「構造改革」と「保守の理念」という二つの看板を掲げた安倍内閣が、最初から内包する「矛盾」が噴出したのが復党問題だったということもできるだろう。

二〇〇五年九月、小泉純一郎が郵政民営化の是非を問うとして断行した衆院選。中川は小泉側近としてその方針を全面的に支持し、協力した。中川にしてみれば、造反組の復党は、その自分を否定することにもつながるため、慎重な構えを崩さなかった。

中川が慎重だった理由は他にもあった。無所属造反組の代表・平沼との関係だ。中川と平沼は、かつて同じ三塚派（現在の町村派）に所属。年齢も当選回数も近い二人は、派内のライバルとして出世を競い合ってきた。橋本龍太郎が参院選敗北の責任を取って引責辞任した後の総裁選では、小泉を擁立するかどうかを巡って対立。派閥の幹部会の席で「やるか」「おう、外に出ろ」と互いの胸ぐらをつかみ合ったこともある。その後、平沼は、三塚派から森派への代替わりにあたり、亀井静香らと共に派閥を飛び出して二十人余で亀井グループを結成する。その際も、亀井側近の平沼と森側近の中川は、互いに多数派工作を繰り広げて激突した。

一方、安倍の立場は全く異なる。まず、郵政解散に批判的だった。造反組に安倍シンパが多かったこともあり、小泉の刺客作戦には「付いていけない」と漏らすなど距離を置いていた。平沼との関係でいえば、中川とは対照的に良好だった。三塚派分裂の時点で、安倍は、平沼や中川昭一ら亀井グループの議員たちとより近い関係にあった。だが、この派閥の「嫡子」である安倍は、三塚（森）派に留まった。それでも、政治理念の面でタカ派の平沼らに近い安倍は、その後も「教科書議連」などを通じて彼らとの付き合いを大切にした。これに対し、中川は、外交・安保政策では中国などへの配慮も重視するリベラル派だ。

中川は、安倍が靖国問題などで、自分よりも平沼らに考えが近いことは十分承知していた。平沼らが復党すれば、党内で「保守バネ」が強まり、自らの立場にも影響しかねない。再び強力なライバルになる可能性のある平沼の復党は阻止したいと考えるのは当然だった。

そこで、中川は、総裁選前の二〇〇六年九月から「いきなり復党ではなく、まず統一会派ではどうか」と造反組に打診。だが、平沼らはこれを拒否した。その後、青木や森らの強い意向を受け、いったんは統一会派構想を封印した中川だが、十一月に入って再びこの構想を持ち出した。本音は「復党阻止」だったのだ。

一方、安倍も、復党による支持率低下を懸念し、当初は中川の「統一会派方式」を支持した。しかし、平沼らが再度、統一会派を拒否した時点で、十二人を直接、復党させるしかないと考えて、中川と対立。最後の最後で、二人の平沼との距離感の違いが表面化したのだ。

その二人の妥協の産物が、復党へのハードルをさらに上げることだった。中川は、平沼がついてこれないことを見越して、「誓約書」の提出という高いハードルを設定した。

だが、それによって問題はさらに混迷の度を深めた。青木ら参院執行部や森に加え、政調会長の中川昭一、外相の麻生太郎らが相次いで幹事長批判を展開。党内は復党を求めるベテラン組と中川を支持する若手とに二分され、大きなしこりを残す結果となった。

結局、中川は平沼の復党阻止という目的は達成することになったのだが、安倍、中川、平沼という旧三塚派出身の三人の政治理念と人間関係の「ねじれ」が問題の展開を複雑なものにした。

そして、一連の問題処理ではっきりしたのが、最初から懸念されていた安倍—中川関係の脆さだった。安倍は、造反組の早期・一括の復党を強く求める青木や森に内心、反発していたこともあって、途中までは中川と歩調を揃えた。だが、その結果は散々で、安倍の中川に対する不信感は確実に強まった。安倍との間に距離ができた中川は、この一件で、かつては「一心同体」といわれた森との関係も悪化させた。さらに青木ら参院執行部との亀裂は埋めようもないほど深まり、復党した十一人からは激しく恨まれることになった。

「疲れたよ。平泉の弁慶の心境だ」。四面楚歌の状況に弱音を漏らした中川だが、安倍との軋轢はおくびにも出さず、安倍シンパの中堅・若手を自分が束ねることで乗り切るつもりだった。しかし、翌年の参院選に向けて指導力の発揮が求められていた中で、中川を取り巻く環境は著しく悪化。それが次第に安倍政権の大きなアキレス腱になっていた。

安倍の求心力低下で注目を集めた小泉

内閣発足三カ月を迎えようとしていた二〇〇六年の年の瀬、政府税制調査会会長・本間正明が「愛人女性との官舎同居問題」で辞職したのに続き、行革相・佐田玄一郎が事務所費について不適切な処理を行っていた問題が発覚し、辞任した。

年明けには、厚労相・柳澤伯夫の「産む機械」発言も飛び出して、安倍内閣の支持率は急落。各種調査で遂に支持と不支持が逆転する危険水域に突入した。これに伴って安倍の求心力も急激に衰え、党内では首相に真っ向から異を唱える議員が続出した。それが「指導力の欠如」と見られてさらに支持率を下げるという負のスパイラルに陥り、安倍の苛立ちは強まるばかりだった。

「この大事な時に、何でこんな発言を繰り返すのか。許せない」

二〇〇七年二月六日朝、安倍は周囲に怒りをぶちまけた。前々日の愛知県知事選と北九州市長選を何とか一勝一敗で切り抜け、前日には、柳澤続投の方針を改めて党幹部と確認したばかりだった。ところが、執行部の一員でもある参院政審会長の舛添要一が、報道各社のインタビューに

「柳澤大臣は愛知県で苦戦した責任を取ってほしい」「このままでは参院選を戦えないのは明らかで、内閣改造を行うべきだ」「官邸は民意に鈍感な『裸の王様』だ」と吼えまくり、六日の朝刊各紙、とりわけスポーツ紙には、そのコメントが大きく載っていた。それを見て安倍は激怒したのだ。四日夜、愛知県知事選で自民党の推す現職にＮＨＫの「当確」が出ると、安倍は直ちに公明党代表の太田昭宏にお礼の電話を入れた。その際、太田から「おたくの参院側はまだ文句を言っているようだが、柳澤さんは大丈夫か」と問われ、「大丈夫。中心的な人たちは押さえていますから」と自信たっぷりに答えている。翌五日夕の自民党役員会では、参院議員会長の青木幹雄や片山虎之助らを前に頭を下げ、青木から「首相の方針には従う」との言葉も引き出していた。柳澤続投の方針は、もはや揺るがないはずだった。

それだけに安倍は、舛添の発言を腹に据えかねたのだが、尋常でないほど怒り狂ったのには別の理由もあった。舛添は当選一回ながら政審会長に抜擢された青木の側近だ。それゆえ青木が、柳澤続投への不満が強い参院側の空気を背景に、舛添に批判させているのではと疑ったのだ。

そもそも安倍と青木は、内閣発足時からギクシャクした関係が続いていた。総裁選の最中に安倍が、参院選候補者の「差し替え」に言及したのがきっかけだったが、ここに来て不協和音が再び高まっていた。選挙を控えた参院側は、安倍政権の相次ぐ不祥事に苛立ちを募らせた。それを背景に二〇〇七年一月三十日、参院本会議で代表質問に立った青木は「政府は格差という言葉を避けているが、格差が存在することは紛れもない事実だ」と指摘。「格差問題」をあえて正面から取り上げ、安倍に取り組みを迫った。これに対し、安倍周辺からは「身内に足を引っ張られた」と青木批判が噴出した。

一方、参院側からは、青木が同じ代表質問で「若さ、個性を存分に発揮して『美しい国』の創生にまい進を」とエールを送ったにもかかわらず、安倍が答弁でそれに全く触れなかったことに強い不満が出た。そもそも参院側には、安倍が青木らを「抵抗勢力」扱いして政権浮揚を図ろうとしているとの警戒感があった。内閣支持率の低下に伴って、参院側がこれまでは控えていた安倍への不満を表立って言い始めたことで、互いの不信感が増幅されていた。

安倍の意を受けた参院出身の官房副長官・鈴木政二が舛添を訪ね、「政審会長という立場がある。あんたが発言すれば、参院全体の意向と受け取られかねない」と説得。舛添は「僕の選挙は無党派層が相手だ。わかってほしい」となお不満を漏らしたが、最後は「わかりました」と矛を収めた。ただ、参院選を控え、足の引っ張り合いが続けば、自民党全体が沈没することになりかねない。安倍と参院執行部の間に挟まれ、自身も改選を迎える鈴木は不安を募らせていた。

この時期、安倍の求心力低下と反比例するかのように注目を集めたのが、前首相の小泉純一郎だ。小泉は首相退任後、悠々自適の優雅な生活を続けていた。一年中緊張を強いられる首相の激務を五年半も続けた結果、三キロ以上落ちていた体重も元に戻って、顔もふくよかになった。

退任後初の年末年始は、東京・芝公園のザ・プリンス・パークタワーに長期滞在し、歌舞伎の初春公演が開かれていた国立劇場や六本木の映画館に時折、姿を見せた。ものものしい警備から解放され、以前のように一人でふらっと出かけることも多くなった。

元来、朝寝坊の小泉は、国会開会中も午後一時から開かれる衆院本会議に間に合うようにゆっくり起床する。夜は旧知の文化人らと会食を楽しみ、国会議員との会合は稀だ。

衆院第一議員会館三階の自室にはめったに立ち寄ることがない。部屋に居ることがわかれば、国会議員らの面会要請が相次ぎ、収拾がつかなくなるからだ。前首相秘書官の飯島勲に「当分はインタビューも講演も全部断ってくれ」と命じ、新聞、雑誌、テレビ局から次々舞い込む取材の申し込みはすべて却下。国会に行けば必ず大勢の記者に取り囲まれるが、ほとんど口を開かず、振り払うように立ち去った。

このため、小泉を巡っては根拠のない噂も飛び交った。週刊誌が大々的に報じた「小泉はイタリアに移住する」という記事もその一つだ。小泉が首相退任後、イタリアに居を構えることを決め、その下見に秘書でもある姉の信子が出向いたという記事なのだが、全く根も葉もない憶測だった。ところが、在京イタリア大使館など公的機関の多くがこれを信じ、「イタリアに行かれるなら是非、この式典に出席してほしい」といった類の招待状が数十通も舞い込んだ。小泉事務所は一時、その対応に大わらわだった。そもそも信子はイタリア旅行さえ行っていないのだ。

そんな小泉を捕まえるのは、本人が携帯電話を持たないこともあって至難の業だ。実際、信子や飯島でさえ、所在を把握していないことも多かった。

それだけに、こんな事も起きた。二〇〇七年一月三日、ワシントンで元米大統領・フォードの国葬が行われた。日本からは政府特使として元外相の町村信孝が参列したが、安倍は当初、小泉に出席してもらおうと考え、官房副長官の下村博文に連絡をとらせた。既に年末休みに入っていたこともあるが、下村が小泉の秘書に電話を入れると「多分、横須賀の自宅にいるので、電話してみて下さい」と言われ、すぐに電話を入れた。しかし、いくらコールしても誰も出ない。それで町村にお鉢が回ったのだ。

その下村以上に必死になって小泉を探したのが、一月九日から北朝鮮を訪問した前副総裁の山崎拓だった。訪朝の直前、山崎は小泉に何度も連絡を取ろうと試みた。出発当日も議員会館の小泉事務所に電話を入れたが、女性秘書から「まだ正月休みで連絡が取れません」と取次ぎを断られ、結局、話ができないまま北朝鮮に向けて出発した。

山崎は、ピョンヤンに五日間滞在。その間、日朝交渉担当大使の宋日昊《ソンイルホ》と長時間会談した。山崎は「先方との約束でそれ以外、誰と会ったのかは口外できない」としているが、日朝関係筋によれば、山崎は最初の四日間は、宋日昊としか会えず、しかも拉致・核両問題とも具体的な進展の糸口は見い出せなかった。「このまま帰国する訳にはいかない」と山崎が焦り出したところで、北朝鮮側は最終日、ようやく金正日《キムジョンイル》の側近で外交関係の実質的な最高責任者である第一外務次官・姜錫柱《カンソクジュ》を山崎に会わせたという。

そこで何が話し合われたのかは、明確にはなっていない。だが、二〇〇六年十二月六日、山崎が小泉と一杯やりながら「必要ならば三度目の訪朝をすべきだ」と強く働きかけたことからわかるように、山崎の目的が小泉再訪朝への地ならしにあったことは間違いない。日朝関係筋は、「二月上旬の六者協議で一定の前進が見られることは確かで、米国の制裁措置も緩和される。金正日としては、次は日本を何とかしたいが、強硬路線の安倍を相手にしても埒が明かない。そこで小泉の再訪朝を実現させ、安倍政権にプレッシャーをかけようとしている」と分析した。そして、このシナリオを実現させるための切り札が新たな「拉致被害者の帰国」だった。

「小泉がこの三月にも訪朝すれば、北朝鮮は問題のない拉致被害者を一人、二人出してくる。小泉が拉致被害者を連れて帰国すれば国民は拍手喝采し、強硬路線一本槍の安倍ではやはりダメだという世論になる。そして安倍も路線転換を余儀なくされる」

これが北朝鮮の描くシナリオであり、それに沿って山崎は招待されたというのだ。山崎が、北朝鮮側から、三月に再び訪問するよう要請されたこともその根拠になっていた。

小泉が首相在任中、日朝国交正常化を成し遂げて歴史に名を残したいと望んでいたことは間違いない。だからこそ、制裁措置の実施には一貫して慎重だったし、安倍らが蛇蝎のごとく嫌っていた外務省アジア・大洋州局長だった田中均も使い続けた。先に山崎が三度目の訪朝を勧めた際、小泉がまんざらでもない表情をしたというのも、決して山崎の誇張ではない。だが、一方で小泉は安倍内閣を支える姿勢を崩さなかった。二月七日夜、前総務相の竹中平蔵、幹事長の中川秀直と三人で会食した際も、「安倍くんはよくやっている」と語っている。小泉訪朝の可能性については、飯島が十日、自分の出身地・長野県辰野町での講演で、「行くはずがない」と強く否定した。

小泉は、小沢民主党との決戦に執念を燃やし、参院選では候補者の応援にも駆け回るつもりだった。それだけに、北朝鮮の誘いに乗って安倍を窮地に追い込むようなことはしたくないというのが本心で、それゆえに北朝鮮から帰国した山崎と表立って会うことも避けたのだ。

仮に小泉が訪朝し、拉致問題で成果を得て帰国するという事態になれば、小泉人気は再び高まり、参院選後の「小泉再登板」の機運が一気に強まったかもしれない。

結局、小泉は訪朝を断ったのだが、永田町が、そして国際社会が、小泉の動向に目を凝らす日々がしばらく続いた。

歴史的な参院選敗北

「秋にはかなり疲れている感じだったけど、きょうはすごく元気だったなあ」

二〇〇七年三月九日昼、当選二回の衆院議員を官邸に招いて開かれた首相との昼食懇談会。終了後、議員たちは口々に、安倍が意外に元気だったとの感想を漏らした。この日に限らず、三月に入る頃から安倍と面会した議員からは「首相は元気だった。ふっ切れた感じだ」との声が上がっていた。「小泉改革路線」の継承に拘る幹事長・中川秀直の反対を押し切って、郵政造反組で落選中の衛藤晟一の復党を決断して以来、安倍晋三はふっ切れたように元気になった。衛藤は知る人ぞ知る右派の論客。安倍は従軍慰安婦問題への対応などでも本来のタカ派色を際立たせ、保守層を固める戦略だった。予算案の衆院通過でも、年度内に自然成立する日程を譲らないよう指示。国会でも「その質問は失礼だ」などと声を荒げて反論する場面が増えていた。

安倍は前年秋、衛藤と三度にわたり電話で協議している。「いずれ復党させるから」と約束したことを受けて、中川に再三、衛藤の復党手続きを進めるよう促してきた。

「どうせ支持率が下がるのなら、やりたいようにやらせてもらいます」。二月二十二日になって中川に最後通牒を突きつけた安倍だったが、実はすでに一月には中川に衛藤の復党を強く指示していた。これを受けて中川は、二月九日、赤坂の東京全日空ホテル（現ＡＮＡインターコンチネンタルホテル東京）近くにある自らの個人事務所に衛藤を密かに呼んだ。そして「首相の強い意向だ。いずれ復党させる」と耳打ちし、同時に地元・大分県での活動を控えるよう求めた。大分の公明党が「衛藤が復党して比例候補になれば、地元で大量得票するあおりを受け、九州の公明票が目減りする」と強く反対していたからだった。

それでもなお動きの鈍い中川に対し、安倍が最後通牒を突きつける一つの契機になったのが、二月十三日の衆院予算委員会だった。

この日の予算委員会で、国民新党代表代行の亀井静香は「大分県では（衛藤の）復党に（他党の）公明党が堂々とダメだと言っている」と指摘。「公明党に乗っ取られた自民党」との観点から自公関係を糾弾した。かつて亀井と共に、反創価学会の「四月会」に参加していた経歴を持つ安倍は、「公明党に言われて判断することはない」と色をなして反論した。

この亀井の挑発が、安倍の背中を押した訳だが、それは同時に、亀井が、かつて自分の側近だった衛藤に助け舟を出すことにもなった。

安倍はもともと学会嫌いで「自民党が保守色を強めて本来の支持層を結集できれば、公明抜きでも選挙に勝てる」との持論を度々披瀝してきた。公明党が嫌がる衛藤の公認によって、対公明でも安倍色を打ち出すことを狙ったとの見方も、あながち的外れではなかった。

こうした「開き直り」が功を奏したのか、春の訪れとともに内閣支持率も上昇に転じ、安倍も一時は自信を回復した。だが、それは一時的な現象に過ぎなかった。

五月下旬、安倍内閣をめぐる情勢は急速に悪化する。最大の要因は「消えた年金記録」の問題だった。年金問題がにわかにマスコミでクローズアップされ、ずさんな年金行政への怒りが政権批判へとつながっていった。前後して農水省所管の独立行政法人をめぐる官製談合事件への関わりが指摘されながら、安倍が庇い続けた農相・松岡利勝が議員宿舎で自殺する。内閣支持率はこの頃から、再び急速に落ち込んでいった。

さらには参院選の公示を翌週に控え、防衛相の久間章生が米国による原爆投下を「しょうがない」と発言して辞任。とどめは、松岡の後任の農相に起用した赤城徳彦が事務所費問題を指摘され、その後、顔に大きなばんそうこうを貼り付けて会見に臨みながら説明を拒否した問題だった。

客観情勢は、自民党大惨敗を予測させるのに十分だった。だが、安倍本人は、退陣などつゆほども考えていなかった。「憲法改正を初めて正面から掲げて就任した自分が目指すのは、二期六年の長期政権だ。自らの失策ではない年金問題や閣僚不祥事なんかで退くわけにはいかない」との自負。それに党内で自分に逆らうのは元幹事長トリオの加藤紘一、山崎拓、古賀誠くらいだとの自信が支えだった。

さらに与党の過半数割れを見越して、側近たちが無所属議員や民主党の反小沢系議員への説得工作を進めていた。側近たちからは、かつて橋本龍太郎が退陣に追い込まれた参院選の獲得議席・四十四程度に留まっても、最終的には過半数確保は可能との甘い見通しを吹き込まれていた。

その多数派工作の先頭に立っていたのが参院議員の荒井広幸だった。七月初めに田中康夫と喧嘩別れして新党日本を離れた荒井は、無所属という自由な立場を活かし、選挙運動期間中も、全国の無所属議員や民主党の議員を訪ね歩いた。「ステルス作戦」と称し、水面下で安倍と連絡をとりつつ、副大臣などのポストを提示して安倍政権への協力を働きかけた。その結果、六、七人の野党系議員が「選挙後は与党入り」とカウントされた。投票日の翌々日にも、荒井と共に記者

「消えた年金問題」などによる急速な支持率低下で参院選大敗

会見して与党会派入りを発表する段取りまで整えていた。

ところが、マスコミの世論調査で自民党の獲得議席が過半数割れどころか、三十議席台にまで落ち込む可能性が報じられるようになると、与党入りを約束していた議員たちの態度が変わった。

「こんな状況では与党入りに有権者の理解は得られない」「野党が参院で過半数を取れば、民主党提出の法案が参院で可決される。与党でなくてもやりがいが生まれる」

選挙戦終盤になると、協力を内々に約束していた議員たちが次々と態度を豹変させていった。

最悪の環境の中での参院選。それでも安倍は、政務秘書官の井上義行らから甘い見通しを吹き込まれ、当日朝までなお四十議席台は可能で、無所属議員らを抱き込めば参院の過半数を維持できるかもしれないとの甘い見通しを抱いていた。しかし結果は、一九九八年に橋本龍太郎が官邸を追われた四十四議席を大きく下回り、三十議席台の大惨敗。参院の多数派工作を進めてきた荒井は結局、たった一人で記者会見して与党入りを発表する羽目になった。

それでも安倍は、森や青木らの辞任要求を何とか振り切り、首相の座を死守した。だが、その報いは悲惨だった。臨時国会の代表質問初日という前代未聞の時期に「職場放棄」をし、世間の厳しい指弾を受けるという、より惨めな形での退陣劇が待っていた。

「麻生クーデター説」の真実

参院選後、安倍が再起を賭けた改造内閣は、わずか十七日で事実上の幕を閉じた。

その内閣改造については、多くのマスコミが「麻生主導人事」「麻生への禅譲準備内閣」と書き立てたが、麻生自身にそんな意識はなかった。

その後の安倍の突然の辞意表明についても、麻生が幹事長に就任した途端に安倍の言うことを聞かなくなって精神的に追い詰めたことが原因だとの見方が一部で出された。安倍が辞意表明した際に自民党内に流れた「麻生クーデター」説である。安倍が周辺に「麻生さんに裏切られた」と漏らしたとの解説付きだった。これは幹事長の中川が、麻生潰しのために一部マスコミを通じて流したといわれ、いまではすっかり中川の謀略であって根も葉もない話だったとされているが、実はそうではない。内閣改造後、麻生が、新官房長官の与謝野馨と相談して勝手に物事を進めることが多くなり、安倍は麻生に対して一時、疑心暗鬼になったことは事実なのだ。改造内閣で農相に起用した遠藤武彦にスキャンダルが発覚した際も、麻生と与謝野が遠藤辞任に向けた環境整備を報告なしにどんどん進めたため、安倍は周囲に麻生への不満を漏らしていた。

だが、安倍は結局、政治家の中で誰よりも早く、麻生に辞意を打ち明けた。そもそも「クーデター説」は、その後、安倍自身が強く否定しており、麻生との関係には、最後まで決定的な亀裂は入らなかったと見るのが妥当だ。

「総理はどっしり構えていればいいんですよ。赤城大臣の時のように総理自らが呼び込んで（辞任を促す）なんてことはしない方がいいと思いますがね」

改造人事で農相に起用した遠藤武彦にスキャンダルが発覚した翌日の九月二日、麻生は電話で安倍にこうアドバイスした。そして与謝野と二人三脚でスピード辞任に道筋を付けたのだった。

参院選前は、リーダーシップをことさら強調するための演出に拘った安倍だったが、「チーム安倍」を解散し、与謝野をはじめ重量級の閣僚をあえて揃えた以上、麻生の言うことに従うしかなかった。それが自らの選択した道だったのだ。

それに改造前は、何か問題が起きるたびに、「チーム安倍」の官房長官・塩崎恭久、首相秘書官・井上義行、首相補佐官・世耕弘成らが対応策を巡って衝突。結局、最終判断を委ねられた安倍が問題の矢面に立ち、任命責任がクローズアップされて支持率低下につながっていった。それを考えれば官房長官と幹事長に問題の処理を任せる形にしたことは必ずしも悪いことではなかった。

しかし、それすら「首相は蚊帳の外」と意地悪く報道され、せっかく上昇しかけた内閣支持率も再び低下した。しかも、野党や新聞各社は、全国各地の都道府県選管まで出向いて新閣僚の政治資金収支報告書を洗うなど、安倍内閣のあら探しを続けていた。さらには、週刊誌が安倍本人に関する二つのスキャンダルを嗅ぎ回っていた。結局、それらも安倍を精神的に追い詰め、持病を悪化させていった。

それでも安倍はなぜ、強い批判を浴びることがわかっていながら、国会が始まった時点で政権を投げ出したのかという疑問は残る。様々な憶測が飛びかったが、答えは簡単だ。十代の頃からの持病「潰瘍性大腸炎」が急激に悪化したからだった。

辞意表明後、信濃町の慶應義塾大学病院に入院した安倍について、同病院消化器内科診療部長の日比紀文は病名を「機能性胃腸障害」と発表したが、実際は、激しい下血を伴う難病「潰瘍性大腸炎」だった。安倍は内閣改造前の二〇〇七年八月十九日から二十五日までインドなど三カ国を訪問。その間は毎日のように昼食会や晩餐会への出席を余儀なくされたが、安倍はほとんど何も食べられず、少しでも口にすればすぐにトイレに駆け込むといった状態だった。少量のおかゆと同行の医師による点滴だけが頼りで、体力・気力とも限界にさしかかっていた。実は、この外国訪問から帰国後、内閣改造の前にも安倍は一時、辞職を考えたという。思い直した安倍は、そのまま内閣改造から臨時国会召集へと突き進む。しかし、参院選大敗による威信の低下は著しく、改造に向けた党内実力者たちからの要求をはねつけるだけの力は、もはや残っていなかった。安倍は事実上、人事権を失い、不本意ながら塩崎を中心とした「チーム安倍」を解体せざるを得なかった。

「自分にはもはや求心力がないんですよ」。辞任表明の前日、官邸の首相執務室を訪れた中川秀直に対し、安倍は力なくこう洩らした。小泉政権下で構造改革を裏方として支えた内閣参事官（当時）の髙橋洋一を、官房長官の与謝野が安倍の指示を無視して左遷させようとしていることを中川が指摘し、「何とか阻止してほしい」と安倍に求めた時のことだった。

思い通りの組閣ができなかったことで、安倍の精神状態はさらに不安定になった。安倍は臨時国会での所信表明演説で、原稿の一部を読み飛ばす失態を演じた。「このまま職に留まれば重大な判断ミスを犯し、国益を損ねる」。こう考えた安倍はついに辞任を決断した。

第二章

「大連立」構想の真相

福田擁立の司令塔となった汐留のビル

二〇〇七年十月三日の朝、東京・紀尾井町のホテルニューオータニの一階で、自民党の新執行部と御手洗冨士夫ら日本経団連幹部との政策懇談会が開かれた。福田康夫政権になって初の懇談会だった。この席で、選対委員長の古賀誠は「いつ解散になってもおかしくない政局だ。経済界の支援をお願いしたい」と衆院選への協力を呼び掛け、御手洗は「政策本位で自民党を支持していきたい」と応じた、と報じられた。

だが、この席では、表には出ていない緊迫したやり取りがあった。経団連側の出席者の一人が、政策要望に関連して「私どもは民主党とも定期的に意見交換を行っている。自民党と民主党の政策を比べた上で最終的な対応を決めることにしている」と付け加えたのだ。

これを先の参院選で大敗した自民党の窮状に付け込んできたと受け止め、強く反発したのが古賀誠と二階俊博だった。古賀は「皆さんは政権交代を本当に望んでいるのか。私はやきもち焼きですから」と凄み、総務会長の二階も「我々はあなた達に言われて政策を変えるようなことはしない。自民党が窮地に陥っている時に、そのような言い方をされるのはいかがなものか」と露骨に不快感を示した。その場は一瞬、凍りついたが、幹事長の伊吹文明が「どんな立派な経営計画でも資金の裏付けがなければ、皆さん相手にしないでしょう。民主党の政策を検証していただきたい」と割って入り、その場を収めた。

会合が終わっても、古賀や二階の怒りは収まらなかったが、先の参院選で政権基盤の半分を失ったという厳しい現実を、彼らは改めて思い知らされることになった。

福田政権の発足に伴って、晴れて執行部入りした彼らだが、自民党の置かれた厳しい現実を本当の意味で認識していたのかどうかは疑問だ。福田を首相に押し上げた原動力は、小泉純一郎・安倍晋三両政権下で「過去の人」にされてきた古賀ら実力者たちの復権への執念であり、「党内秩序の回復」という「内向き」の論理だった。それは前政権への反動にすぎず、何より重要なはずの「衆院選で勝つための総裁選び」という視点は置き去りにされた。結局、福田が、解散を打てないまま、総辞職することになるのは、ある意味で必然だったのだ。

福田政権はどんな性格を持った政権だったのか。それをより明確にするため、まずは政権の成立過程を検証したい。

自民党が歴史的な敗北を喫した参院選から二日後の二〇〇七年七月三十一日、東京・汐留の高層ビルに「メディア界のドン」と呼ばれる人物が主催し、元幹事長の加藤紘一、山崎拓、古賀誠の「新ＹＫＫ」らベテラン議員が参加した秘密会合が開かれ、「安倍政権はもう終わりだ。党内を福田政権でまとめよう」との結論に至った――。産経新聞が報じたこの会合が、ポスト安倍政局において誰がキーマンだったかを示していた。同様のメンバーによる会合は、八月のお盆前と月末にも開かれていた。

ここに登場する「汐留の高層ビル」とは、日本テレビ本社の社屋であり、その高層階で開かれた会合の主催者である「メディア界のドン」とは、日本テレビ放送網取締役会議長の氏家齊一郎と、その盟友である読売新聞グループ本社代表取締役会長の渡邉恒雄にほかならない。

渡邉と氏家は、舞台裏で大きな役割を果たしたが、その二人がより重視した会合は、産経新聞が報じたものとは別にあった。それは前参院議員会長の青木幹雄と、青木の盟友である元首相・森喜朗らとの会合だ。実は、渡邉・氏家・森・青木による会合は、時に山崎も交え、ここ数年、定期的に開かれてきた。

「安倍はもう持たない。次は福田だ」。安倍政権下で干され、不満を強めていた山崎や古賀らがこの春からこう訴えてきたことを受け、渡邉と氏家は、青木と森に福田政権の実現を早くから働きかけていた。当初は安倍政権を守る姿勢を見せていた渡邉だったが、二〇〇七年の初め頃、靖国問題を巡って安倍と口論となり、それ以来、安倍を見放していた。青木自身も、何かと言えば参院執行部を敵視する安倍に不満を募らせていた。あとは、安倍の出身派閥・清和会（＝町村派）を事実上率いる森が安倍を見限れば、「福田政権」は実現する――。

参院選投票日の〇七年七月二十九日夕、グランドプリンスホテル赤坂の一室に、青木と森、それに幹事長だった中川秀直の三人が集まった。そこでは「自民党が三十議席台まで落ち込めば安倍は退陣、福田擁立」で話がまとまったが、その裏には渡邉らの働きかけがあったのだ。

この席で青木は「皆が次は福田と言っている。今度こそ福田さんに出るよう説得するのが森さん、あんたの役目だわね」と森に促した。しかし、森は福田を説得できる自信がなかった。〇六年、あれだけ「福田コール」が起きても立候補しなかった福田だ。そう簡単に「ウン」と言うはずがないと考えていたのだ。それに森は長年、麻生とも親しく付き合ってきた。安倍政権が誕生し、一時はもう福田政権の芽はないと考えた森は、次は麻生を担ぐことを視野に入れてきた。森が派閥を譲った町村信孝は派内固めもできていない。このため、麻生に対し「次は君しかいない」と囁いてきた。小派閥出身で、長年面倒を見てきた麻生であれば、小泉や安倍以上に政権に対して影響力を行使できるとの思惑もあった。

いったんは安倍続投が決まった直後の八月五日午後、森は、小金井カントリークラブでプレー中だった麻生を呼び出し、東京・渋谷の麻生邸で話し込んだ。その際も森は「君は地元（福岡）

で、山崎とも古賀とも対立しているが、敵は一人で十分だろう。首相を目指すなら古賀とは仲直りした方が得だぞ」と政権戦略を授けてもいる。麻生もあくまで森を立て、二人の関係は安倍の突然の辞任までは良好だった。

だが、福田は、安倍が早期に退陣した場合、次は立候補せざるを得ないとの決意を密かに固めていた。参院選前から、古賀と古賀の後見人である元幹事長・野中広務が揃って福田を呼び出し、次は必ず出馬するよう迫るなど、立候補を求める声は福田自身の耳に入っていた。

安倍が辞意を表明した九月十二日。森は日本ラグビーフットボール協会の会長としてワールドカップを視察するため、パリのホテルに滞在していた。そこに「安倍が辞意」との連絡が入る。森が慌てていたところに、二人の大物から相次いで国際電話がかかってきた。青木幹雄と渡邉恒雄だった。「党内はすでに福田でまとまりつつある。そんなところでゆっくりしている場合じゃないわね。一刻も早く帰国して派内を福田でまとめてほしい」。二人は異口同音に早期帰国を森に促した。

福田の立候補に自信が持てなかった森は、二人の電話を受け、パリから福田に電話を入れる。党内情勢を伝える森に対し、福田は「私自身、いろんな人に『出ろ』と言われている。無碍にもできず困っているんだ」とこれまでとは明らかに異なる反応を示した。驚いた森が「今度こそ腹を固めたということか」と畳み掛けると、福田は「そう。今度は逃げられないと思っている」と初めて秘めた決意を打ち明けた。

実は、安倍が辞意表明した十二日に、いち早く福田から立候補の意向を聞いていた他派閥の議員がいた。古賀派の衆院議員で元首相・宮澤喜一の甥である宮澤洋一だった。宮澤は党の住宅土地調査会で、会長の福田の下で事務局長を務め、ともに「二百年住宅ビジョン」をまとめた仲だ。宮澤は、午後二時からの安倍の会見を見届けると直ちに議員会館に福田を訪ね、「今度こそ先生も逃げられない。我々若手議員で『福田出るべし』との声を挙げますが、いいですね」と持ちかけた。福田は即座に「うん。やってくれ」と意欲を隠さず、宮澤を驚かせた。福田擁立に向けた宮澤の素早い動きは、派閥領袖の古賀誠とも連動していた。

福田の気持ちを知って森はようやく福田擁立の腹を固めた。麻生が、この日の記者会見で「二日前に安倍から辞意を聞いていた」と自ら明かしたことも、森の決断を後押しした。麻生が安倍の辞意を聞きながら自分に何も言ってこなかったことが許せなかったのだ。「麻生包囲網」は、安倍が辞意を表明したその日のうちに、ほぼ完成した。ただ、それでも森は慎重だった。足元の町村派＝清和会に分裂の目が残っていたからだ。会長の町村が立候補に意欲を示す可能性があったし、前首相・小泉純一郎の動向や、福田とは微妙な関係にある中川秀直の動きも懸念材料だった。自分が手塩にかけて育てた清和会の分裂は避けなければならない。それゆえ、森は、福田が立候補の意向を固めたことは誰にも漏らさず、派閥の事務総長である中山成彬らに「当面は動かず、他派の動きを見守るよう皆に伝えろ」と指示を出し、慌しく帰国の途に就いた。

十三日朝、東京に戻った森の動きは素早かった。そのままグランドプリンスホテル赤坂の派閥事務所に入って町村や中山らと党内情勢を分析した。そこに小泉から電話が入る。森はパリからも小泉に連絡を取り、帰国したら改めて話そうと約束していたのだ。電話口の小泉は「俺は一〇〇%出ない」と傍にいた中山らにも聞こえるような大声で三度も「出ない」を繰り返した。これで森の心配は一つ消えた。中川秀直も軍門に下った。前日深夜、小泉の秘書・飯島勲から電話で呼び出され、小泉再登板を求める一年生議員たち＝小泉チルドレンの会合に参加していた中川だったが、この日午後には自民党本部の脇にある森の個人事務所を訪ね、福田支持を明言した。

夜九時には、森が福田と町村の二人をホテルに呼び、まず自らの立候補になお未練を残していた町村を説得し、出馬を断念させた。続いて三人で会談し、清和会として一致して福田を推すことを確認する。これで森の心配はすべて解消した。

実はこの日の午後、「福田首相」を決定付ける会合が、例の汐留の日本テレビ本社ビルで開かれていた。集まったのは、渡邉、氏家、森、青木それに山崎拓の五人だった。ここで森は、福田が立候補の決意を固めたことを報告し、この日のうちに麻生派を除く各派を福田支持で固める方針が確認された。直接参加はしていなかったが、この五人の背後には、津島雄二、古賀誠、伊吹文明、二階俊博、高村正彦、谷垣禎一の各派領袖もいた。事実上、「福田首相」が決まった瞬間だった。最大派閥・町村派の町村や中川、第二派閥・津島派の額賀福志郎ら領袖に次ぐ実力者たちもこの会合を知って流れには逆らえないことを悟り、軍門に下った。メディア界のドンが、世代交代で干されていた派閥領袖たちとタッグを組み、党内のまとめ役である森と青木の二人を動かして作ったのが福田政権だった。その渡邉らは、政策面で民主党に近い福田の下で、自民・民主両党の大連立を夢見ていた。

党三役や閣僚人事の決まり方を見ても、福田政権における権力の所在がどこにあるかは明白だった。福田は、森・小泉政権下で官房長官を史上最長の三年半余も務めたこともあり、世間の認知度は首相就任前から高かった。だが、小泉と同様に一匹狼で、議員同士で酒を酌み交わすことは少なく、親交のある議員は限られていた。官房長官以外の役職は、党の経理局長や外交部会長を経験した程度だということもあり、福田は党内の誰がどんな性格か、何が得意分野かといった知識に乏しかった。しかも、小泉にとっての飯島のような広い人脈を持つ古手の秘書も抱えていない。先代の赳夫時代からの秘書は、すでに高齢で退職したり、地元の町長に就任したりで誰もいなかった。当然、人事については派閥の先輩である森や町村に相談することになった。福田から直接、あるいは町村を通じて相談を受けた森は、何かと青木に相談するから、結局、人事に影響力を持つのは森と青木ということになる。福田政権発足にあたって各派領袖クラスの意向を聞いて回ったのも森と青木だった。そして古賀からは「幹事長には拘らない」との言質を取り、山崎からは「今回、自分は入閣しなくてもいい」との言葉を引き出した。

二人の影響力は、人事の決定プロセスを検証すれば一目瞭然だ。福田は当初、挙党体制を作るため、麻生を幹事長に留任させようと考え、総裁選の終わった九月二十三日夜、森と町村に伝えた。森は「それではあなたを推した連中が納得しない。大変なことになる」と驚き、青木に相談した。案の定、青木は「とんでもない。古賀も山崎も怒り出すぞ」と告げた。森はそれを福田に伝え、「どうしても麻生をというのなら、閣内で処遇するしかない」とアドバイスした。

唯一のサプライズ人事だった伊吹文明の幹事長起用を提案したのも森だった。「総選挙が近いのだから、幹事長には小沢一郎や菅直人と理路整然と論戦を戦わすことができる人材がいい」。森のこうした提案を福田が受け入れ、福田とも比較的親しかった伊吹の幹事長就任が実現した。

一方、麻生取り込みに拘る福田は、麻生を副総理兼経産相で入閣させようと考えた。山崎派に所属しながらも麻生を応援した甘利明を経産相から外すことは、山崎拓の要望にも合致する。だが、それを事前に麻生に告げれば、「派閥領袖の山崎を裏切ってまで自分を応援してくれた甘利の代わりに入閣する訳にはいかない」と固辞されるのは目に見えていた。それゆえ、ポストは告げずに麻生に入閣を要請することになった。

総裁選翌日の二十四日朝、久しぶりにゆっくり寝ていた麻生は、森からの電話で起こされた。「福田から入閣の要請が来ると思う。その時は黙って受けてもらえんかね」と求める森に、麻生は「このところずっと重要ポストを与えてもらってきた。ここらでゆっくり地方行脚がしたいのです」と丁重に断った。その後、党四役が決まった後に今度は福田本人から電話が入った。麻生は同様の理由で断ったが、福田は「まあ、一晩よく考えてください」と重ねて要請し、翌二十五日の首相指名選挙の衆院本会議場でも「考え直してくれませんか」と耳打ちした。それでも麻生は入閣を拒んだ。福田にとっては、次を狙う実力者を政権の枠外に抱えるという落ち着かないスタートとなった。

新政権発足にあたり、安倍改造内閣から交代した閣僚は結局、官房長官の与謝野馨と文科相の伊吹文明だけだった。異例の国会開会中の政権発足だったためだが、福田政権の実現に功績のあった山崎拓らを処遇する必要が残った。福田は秋の臨時国会の閉会後、年末年始に内閣改造を行い、「福田カラー」を出した本格内閣を作るつもりだった。そして、その意向を森らにも伝えていた。

だが、「福田カラー」といっても、官房長官として小泉構造改革を支えてきた経緯から、その改革路線を否定することはできず、その一方で改革路線の修正を求める各派領袖たちに担がれた以上、その意向は尊重せざるを得ない。福田政権も初めから大きな矛盾を抱えていたのだ。同時に、党内の実力者たちに押し上げられる形で首相の座に就いた経緯から、小泉内閣から安倍内閣まで続いた「官邸主導」の政治体制は、終焉を迎えることになった。そして何より、与野党逆転の参院の存在が福田の前に立ちはだかっていた。こうした中で「福田カラー」を出すといっても、外交分野くらいしかないという困難な環境に置かれた中でのスタートだった。

「大連立ありき」だった福田政権

福田内閣が発足した二〇〇七年のプロ野球は、中日ドラゴンズが五十三年ぶりの日本一に輝いた。前回、ドラゴンズが日本一になった一九五四年は吉田茂内閣が退陣。翌五五年には保守合同などにより、その後三十年余も続く戦後の日本政治の枠組み「五五年体制」が固まった。「中日が優勝するとその年や翌年に大政変が起きる」。中日が日本一を決めた翌日の二〇〇七年十一月二日、このジンクスを想起させるビッグニュースが日本を駆け巡った。福田・小沢の二回目の党首会談で、福田が自民・民主両党の大連立を提案したというのだ。

「民主党に党首会談を申し入れてほしい。向こうは受けるはずだから」。これに先立つ十月二十九日午前、福田康夫は、自民党幹事長の伊吹文明と国対委員長の大島理森にこう指示した。降って湧いたような党首会談。小沢一郎の側近を自任する民主党国対委員長の山岡賢次ですら「夜討ちにあったような気分だ」と戸惑いを隠せなかった。だが、福田・小沢両トップにとっては、実は、二カ月ほど前からの懸案だった。福田が会談の申し入れを指示したのは、小沢サイドとの事前の折衝が大筋で整ったからだった。会談は初めから大連立政権が前提だったのだ。

党首会談を仕掛けたのは、福田政権を作った黒幕たちだった。すなわち読売新聞グループ本社代表取締役会長の渡邉恒雄と日本テレビ放送網取締役会議長（当時）の氏家齊一郎、それに森喜朗と青木幹雄だ。福田政権を作った面々が、そのまま大連立に向けた党首会談の根回しにも動いたのだ。

渡邉は、七月の参院選で自民党が大敗し、「ねじれ国会」が生じると、安倍政権の頃から、福田、森、鳩山らを含む自民・民主両党の幹部たちに対し、大連立の必要性を熱心に説いて回っていた。

「ねじれ国会のままでは何も進まない。両党で大連立をつくり、憲法改正や社会保障改革などの懸案をどんどん処理すべきだ」「選挙制度は中選挙区に戻せばいいじゃないか」

渡邉は、大連立を実現するための首相には、民主党と政策が近い福田が相応しいと考えた。それに青木や森が同調した。つまり、福田内閣は発足時から、大連立が想定されていた内閣だったのだ。

自民・民主両党に大連立を働きかけてきたのは渡邉だったが、党首会談は、福田が九月下旬に自民党総裁選で当選する直前に、小沢の方から渡邉に持ちかけてきたものだった。

「渡邉さんのかねてからの持論である大連立を実現するため、福田総理と党首会談を行いたい。ついては福田サイドにつないでほしい」。こう小沢から要請を受けた渡邉は、直ちに福田に連絡をとった。だが、小沢の突然の申し入れに福田は当初疑心暗鬼になった。「少し早すぎるのではないか」――。福田は約半月ほど模様眺めを決め込んだ。その間も小沢は二度にわたり渡邉を急かしてきた。十月に入ってしばらく経った頃、福田はようやく小沢の申し入れ通り、代理人を立てて小沢と接触することを決断する。福田が指名した代理人が森喜朗だった。森と小沢は衆院初当選の同期で、互いに良く知っていること、それに渡邉とも定期的に会合を開いている仲で意思疎通が容易であることが決め手になった。

十月中旬と下旬、森と小沢は都内の料理屋で二度にわたり会談した。最後には、渡邉も加わって大連立政権構想の大枠を確認し、党首会談につなげた。

この党首会談については決裂後、渡邉と小沢の中傷合戦となり、渡邉は「会談は小沢サイドから申し入れてきた」と明かした。確かにそうかもしれないが、そもそも大連立を双方に促してきたのは渡邉だ。党首会談は、渡邉の要請に双方が応じたということもできるだろう。

いずれにせよ、福田にとっては、小沢が本当に連立協議に乗ってくれば言うことはなかった。何しろ参院が野党の支配下にあるため、新テロ対策特別措置法案のみならず、福田内閣になってから法案は一本も成立していなかったのだ。その上、福田は、森や青木と共にその先も見据えていた。小沢が仮に民主党内の説得に失敗して連立協議が瓦解しても、民主党内の動揺を誘うことはできるし、小沢が自分のシンパを引き連れて民主党を割って出てくることがあれば大歓迎だ。参院議員を十数人も連れてきてくれれば、国民新党にも連立を呼びかけ、与野党逆転状態は一気に解消する。実際、十一月四日、連立協議の開始を役員会で拒否され、小沢が代表辞任を表明すると、森は早速、小沢サイドに離党を働きかけた。

それでは、政権交代の可能性がかなり出てきたこの時期に、小沢はなぜ大連立に走ったのか。

確かに、小泉改革で疲弊した地方を中心に、「一度、民主党に政権を任せてみたら」という世論が強まる一方で、民主党に政権担当能力がないと考える有権者も少なくなかった。このため、民主党は政権を単独で取る前に、一度政権に入ってその能力があることを世間に示すことが必要だとの理屈も一理ある。ドイツの社会民主党は、一九六〇年代、与党のキリスト教民主同盟と大連立を組み、その後、初めて政権の座に就いた。今もドイツは大連立政権だ。

だが、参院選の勝利で高揚していた当時の民主党で、多くの議員が大連立に反発することは目に見えていた。大きなリスクが予想される中、小沢がそこまで前のめりになったのはなぜか。永田町では様々な憶測が乱れ飛んだ。

小沢は二〇〇七年八月のシーファー米駐日大使との会談で、テレビカメラを前にテロ特措法案に反対を表明して大使に恥をかかせた。これに米国政府が反発し、水面下で米国から恫喝されていたとの説がその一つだ。東京地検特捜部が捜査を進めていた前防衛事務次官・守屋武昌と防衛専門商社「山田洋行」元専務との贈収賄事件や、かつての湾岸戦争時の資金拠出に関し、小沢が米国や首相官邸に何らかの弱みを握られているとの説も出回っていた。「山田洋行」から最も多くの献金を受けていたのが小沢だったことは、こうした噂に拍車をかけた。

一方、当初から、そうした消極的な理由とは別に本当の目的があったと解説する議員もいる。それは公明党の動揺を誘って自公両党の結束にくさびを打ち込み、次期衆院選を有利にすることだったという説だ。実際、小沢は党の役員たちに党首会談について説明した際、「公明党は最終的に連立には入らないだろう」との見通しを示している。小沢は連立に向けた政策協議の中で、公明党を追い出すことを狙っていたのだ。ただ、党首会談では、小沢が公明党を連立政権から外すよう求めたのに対し、福田は「それはできない」と拒み、とりあえず、公明にも閣僚ポストを一つ割り振ることで合意した。

八年に及ぶ自公連立政権下で、自民党は公明党・創価学会の助けなしには選挙を戦えない体質になっている。ここに楔を打ち込めれば、民主党の勝利が見えてくる。実際、十月二十九日、自民・民主の党首会談が決まったというニュースが流れただけで、公明党内は、蜂の巣を突いたような大騒ぎになった。福田が公明党代表の太田昭宏に「大連立の話が出るかもしれない」と耳打ちしたのは、十一月二日の二回目の党首会談の直前。それまで福田からは説明がなく、公明党の議員たちは疑心暗鬼に陥った。

そもそも公明党の力の源泉は、参院でキャスティングボートを握っていたことだった。政府の法案は、公明党の協力なしでは成立しなかった。それゆえ、一九九九年、当時の首相・小渕恵三は公明党の政策を「丸呑み」して連立に引き込んだ。ところが、先の参院選で自公合わせても過半数を割り込み、公明党が協力する意義は大きく低下した。政府が必要なのは、民主党の賛成になったのだ。自民・民主大連立が実現すれば、国会における公明党の存在感はほとんど失われる。党首会談が決まった直後から、自民党には、公明党から不安と苛立ちの声が次々と寄せられた。幹事長の北側一雄は「新テロ法案に限った話をしてほしい」と自民党幹事長の伊吹文明に注文をつけた。二回目の会談直後の十一月二日夜には、北側が「大連立の話が出たそうだ。今聞いたばかりだ」と記者団に対し真っ先に、しかも吐き捨てるように披露し、不満をあらわにした。

もちろん、自民党側は衆院選を控えて、公明党を引き止めておくための手も打っていた。それが選挙制度を中選挙区制に戻すとの話だ。二回目の党首会談では、中選挙区制に戻したいとの話が、福田の口から出たという。

小沢はこの大連立騒動から八カ月後、朝日新聞のインタビューで大連立に走った真意を説明している。

「あれは自民党を壊すための手段の一つだった。民主党が政権をとるためにはどういう方法がいいかという話だ。そこがみんな、よくわからないんだね」「あの時は、政権交代の準備をする最大のチャンスだった」

ある意味で、小沢の本音がよく表れているインタビューだ。大連立を組んで、まずいくつか民主党の政策を実現させ、国民に民主党の政権担当能力をアピールする。そして次第に政策要求を

小沢民主党との「大連立」ありきだった福田政権

エスカレートさせて自民党内や自公両党の間に分裂の種を仕掛ける。そうして与党側を弱体化させたところで連立を解消して衆院選に持ち込み、自民党を完膚なきまでに叩く――。こうした構想を抱いていたのだ。一方で、与党側は、先に述べたように大連立を契機に民主党を分裂させ、「ねじれ国会」の解消につなげることを夢見ていた。党首会談の前、小沢は森や渡邉に対し「いまなら、参院選で民主党が勝った直後だから僕に求心力があるが、民主党はバラバラな政党なので時間が経てば誰もいうことを聞かなくなる。だから大連立の話は早く進める必要があるんだ」と漏らし、焦っていたという。渡邉が後にテレビで明らかにしているが、閣僚の割り振りについても、小沢は当初「参院では僕が首相に選出されているのだから、閣僚数も対等だ」と要求したものの、最終的には「自民十、民主六、公明一」で合意。小沢自身が無任所の副総理で入閣することでも合意していた。小沢は真剣だったのだ。

突然切れた小沢とのホットライン

大連立に向けた政策協議に入るという小沢の提案が民主党の臨時役員会で否定され、大連立構想は頓挫した。しかし、その後も福田と小沢のパイプはしばらく生き続けた。福田は、そのパイプを信じて〇八年の通常国会乗り切りを図り、結局、最後はそれに足をすくわれることになる。

小沢は、旧自由党時代の〇一年から「現代の松下村塾」と銘打って「小沢一郎政治塾」という一般人向けの勉強会を開いている。〇七年も一月三十一日から四日間、東京・神宮外苑の日本青年館で最初の集中講義が開かれた。小沢は二月三日、サラリーマンや学生など様々な職業の男女約四十人の参加者と小沢直系の若手国会議員約十人を前に講演した。

「規制の撤廃、自由競争、グローバリゼーションという流れの中で、日本もそれに対応せざるを得ない、これは世界の流れだ、そう言って小泉流、竹中流の政治・行政が行われてきたが、それは、大多数の人が安定して生活できる仕組みを十分に考えることがなかった」「小泉、あれが典型だ。『民営化にイエスかノーか』なんて中身がわからないのにマスコミから何からそっちにいく。論理的に考える人はいなくなる」

小沢は、約一時間、持論の日本人論を展開。その中で小泉の名前を何度か呼び捨てで批判した。だが、時の首相・福田を名指ししての批判は一切なかった。小沢は、このときに限らず、福田の悪口を決して口にしなかった。

そもそも、自民党との大連立を役員会で否定され、「もう大連立は考えない」と宣言した後も、小沢は、テレビ番組などで「民主党の政策を実現できるなら大連立は政権を取る近道だ」「大連立は民主党にとって一石三鳥くらいの意味があった」といった発言を繰り返し、自らを正当化してきた。それが民主党内に「小沢は再び大連立に走るのではないか」との疑心暗鬼を生んでいた。

一月に行われた二人の初の党首討論でも、小沢は福田を追い詰めようというそぶりを全く見せず、福田もそれに応えて丁重に応じた。両党対決の最前線である予算委員会の自民党理事も「小沢からは全くやる気が感じられない。大連立に未練を残しているからだ」と分析した。実際、福田も小沢もこの時点ではなお、大連立を模索していたのだ。

小沢の方が大連立に拘った理由の第一は、自分に残された時間は少ないという焦りだった。先の小沢一郎政治塾での挨拶でも「私は所詮、それほど長くなく去っていかねばならない身だ」と語っていたが、次の衆院選で政権を奪わなければ、自らに「次の次」はないと考えている。失敗は許されないのだ。ところが民主党議員の大半は、内心「政権獲得は次の次でいい」と考えていた。実際、小沢が地方を回ってみると民主党陣営の動きは鈍く、小沢を苛つかせた。現状では過半数どころか第一党になるのも難しいと感じていたのだ。それならば、大連立を組んで選挙は任期満了まで延ばし、その間に民主党の政策を実現させた方が政権獲得の可能性は高まると考えた。中途半端な状況で解散になり、与党に過半数獲得を許せば、自分は党首の座を追われ、政治生命が尽きると考えたのだ。

大連立を模索したもう一つの理由は、意外にも福田のことを気に入っているからだ。二人がまともに言葉を交わしたのは、昨秋の大連立協議の党首会談が初めてだった。ところが、たった二度の会談で、二人は安全保障論などをめぐって意気投合する。いったんは辞意を表明した小沢に、辞意を撤回するよう説得した渡部恒三は「小沢くんは福田のことを『なかなかの人物だ』と高く評価していた。小沢とは長い付き合いだからわかるが、福田をすっかり気に入ったんだな」と分析した。党首会談では安保・外交政策について持論を披瀝し合い、共に政権を担い得る相手だと認め合ったのだという。だが、民主党は、〇八年一月の党大会で採択した活動報告に「大連立で動いたことを『深く反省』」と明記した。再び大連立に走るのではないかとの観測が出ること自体、小沢の求心力の低下につながる。

　本心では再び大連立に踏み出したいのに足かせをはめられている小沢の心中は複雑だった。大阪市長選の勝利と内閣支持率の急落で民主党内が早期解散で沸き立っていた〇七年十二月には、旧知の無所属議員・野呂田芳成に対し、「今解散、解散と騒いでいる党内の連中の気が知れない。だいたい、政権が何たるかを知らない」と吐き捨てたという。

　この頃、小沢は深酒をして深夜、側近の山岡の携帯に電話をかけ、愚痴をこぼすことも増えていた。その山岡は、通常国会が始まると「四月には解散に追い込む」と吼え続けたが、あくまで表向きの話だった。親しい関係者には「与党が租税特措法改正案の再議決をしてくるのを機に参院で福田の問責決議をしてもいいが、結局は内閣総辞職になるだけだ。後任は麻生太郎だろうが、いずれにせよ選挙は早くて秋だ」と漏らしていた。小沢も早い時期に選挙があるなどとは思っていなかったのだ。

　安倍晋三より二歳も若い四十七歳で自民党幹事長に就任。「豪腕」の名をほしいままにし、海部俊樹から羽田孜まで自民・非自民にまたがる四代の政権を裏で仕切った小沢は、権力とは何かを熟知している。それだけに、解散の時期を決める主導権は、あくまで政権側にあることを痛いほどわかっていた。通常国会の入り口で徹底的に突っ張ってみても、政権側に無視されれば終わりだ。政権を追い込めば追い込むほど、負けるとわかっている衆院選に与党が突っ込むことは考え難い。福田が行き詰まれば、自民党は福田に解散させず、総辞職させるだけだ。それが政権党なのだ。小沢はこう喝破している。この頃、新聞各紙は「小沢は『四月決戦』を諦め、解散時期をこの秋以降に軌道修正した」と書いたが、小沢はそもそも早期解散の可能性は低いと踏んでいた。だが、衆院選はまだ先だとの雰囲気が広がれば、今度は小沢が党首の座を維持できるかどうかという問題が出てくるので、本音を言うわけにもいかなかったのだ。

それでは福田と小沢の水面下のパイプとはどのようなものだったのだろうか。

二〇〇八年三月十九日夜九時前、福田は秘書時代から慣れ親しんでいる東京・紀尾井町のグランドプリンスホテル赤坂に入った。地下の中華料理店「李芳」で待ち受けていたのは、財務相の額賀福志郎、党政調会長の谷垣禎一、それに元防衛庁長官・衛藤征士郎らベテラン議員たちだった。店に入る前、福田はお気に入りの店の一つ、ホテルニューオータニの鉄板焼店で公明党代表・太田昭宏らと食事を済ませていた。健啖家とはいえ、七十過ぎの福田が複数の夜会合をハシゴすることはめったになかった。日銀総裁人事で自らが選んだ候補が二度にわたって参院で不同意となり、この日、日銀総裁は戦後初めて空席となった。与党内からも福田批判が急速に強まっていることを気にしたがゆえの行動だった。

最初の会合ですでに酒の入っていた福田は饒舌だった。話題は程なく、日銀総裁選人事に移る。永田町で様々な憶測を呼んだ「重鎮」発言はそこで飛び出した。民主党に拒否される可能性が高いことをわかっていながら、あえて副総裁・武藤敏郎の昇格を国会に提示した理由を尋ねられると、福田は「民主党の重鎮が『武藤で結構だ。党四役は責任を持って説得する』と言ったからだ」と説明したのだ。

永田町ではさっそく「重鎮」とは誰かをめぐって犯人探しが始まった。税調会長の藤井裕久、最高顧問の渡部恒三、参院議運委員長の西岡武夫らが疑われた。だが、本人たちはいずれも否定した。それでは福田の言う「重鎮」とは誰か。それは他でもない、代表の小沢だった。

もともと面識のなかった福田と小沢だが、大連立構想を話し合った二度の党首会談で意気投合し、大連立が頓挫した後も、最近まで互いに悪口を決して口にしなかったことは先に説明した通りだ。それもそのはずだ。二人は、大連立構想が決裂した後も密かに電話で直接連絡を取り合っていたのだ。小沢が直接出るという秘密の電話番号。それを福田は教えられていた。

「日銀総裁は武藤でいきたい。党内をまとめてもらえないか」。福田はかなり早い段階で、小沢にこう伝え、了解を得ていた。

これを受けて小沢も通常国会が召集された一月十八日、早速、代表代行の菅直人と輿石東、それに幹事長の鳩山由紀夫の三人から、日銀人事に関して一任を取り付ける。「官僚出身というだけでは反対できない。皆もそれでいいな」と念押しした上でのことだった。ところが、これが逆効果となる。「小沢は財務省出身の武藤に賛成だ。日銀人事をめぐって党首会談を行い、そこでの合意を機に再び大連立を模索するつもりだ」との警戒感が党内に広がったのだ。反小沢の急先鋒である仙谷由人らが「武藤総裁阻止」の論陣を張り、反対論が急速に広がっていった。

それでも、小沢は武藤でまとめようとした。二〇〇八年一月末、与党内ではガソリン税などの暫定税率の期限切れを阻止するため、暫定税率の期限を五月末まで延長する「つなぎ法案」を可決すべきとの意見が強まっていた。ところが、衆院本会議での採決寸前の一月三十日午後、与党は突然、衆参両院議長の斡旋を受け入れる形で「つなぎ法案」を取り下げた。この不可解な方針転換については様々な憶測を呼んだが、裏にあったのは、やはり福田―小沢のホットラインだった。『『つなぎ法案』を強行すれば、日銀総裁人事で意に沿うことはできない」。小沢が福田にこう伝えたことが決め手になった。小沢との信頼関係を重視した福田は、議長斡旋に乗る形で、法案の取り下げを指示した。後にこれが福田政権にとって大きな躓きのもととなる。

ところが、民主党内の武藤反対論は強まる一方だった。「つなぎ法案」が撤回されたことで、大連立構想が復活するとの観測が一層強まり、民主党内の主戦論がかえって勢いを増したのだ。

二月十九日、イージス艦と漁船の衝突事故が起き、民主党が国会などで政府の対応を厳しく批判したことも影響を与えた。二月二十九日、与党が民主党欠席の中、衆院本会議で新年度予算案と租税特措法改正案の採決に踏み切ったことで、対決モードは決定的となった。

二月上旬頃まではつながっていた福田と小沢のパイプもこの頃突然、切れた。ある時から福田が例の電話にいくらかけても小沢は出なくなったのだ。民主党内を武藤でまとめることが困難になったことが影響しているのは明らかだった。ここで無理に党内をまとめようとすれば自分に対する反発が広がり、九月の代表選で党首の座を追われかねない。小沢はそう考えたのだろう。少なくとも福田はそう見ていた。もちろん小沢にも言い分はあっただろう。だが、小沢は昔から、気に食わないことがあったり、都合が悪くなったりすると、何の説明もせず、一方的に連絡を絶つ習性があった。それは小沢と袂を分かった多くの元側近が証言している。

三月に入る頃には、福田の耳にも、民主党内は武藤に極めて厳しいとの情報が入っていた。それでも福田があえて「武藤総裁」案を提示したのは、腹の虫が治まらない福田の当て付けという面があったのではないか。一方、小沢も三月に入り、それまで決して口にしなかった固有名詞を挙げての福田批判を展開するようになる。完全に対決路線にかじを切ったのだ。それは福田にとって「ねじれ国会」の下で政権運営を支える大きな柱を失ったことを意味していた。

首相官邸めぐり主導権争い

何をやりたいのか明確なメッセージを打ち出せず、支持率の低迷が続いた福田内閣。福田がリーダーシップを示すことができずに立ちすくむ中、政府・与党内では「首相官邸」をめぐって主導権争いが激化し、政権の行く手は混迷の度を増してきた。

「一般財源化でもいいではないか」「これは総理大臣しか言えない。総理が『野党の主張もよく聞いて譲るべきところは譲っていい案をまとめよう』と言えば党内で怒る人はいても最後は『総理が言うなら仕方がない』となる」

二〇〇八年二月二十二日夕、東京・八王子の京王プラザホテル八王子では、町村派所属の衆院議員・萩生田光一の後援会の会合が開かれていた。そこに登壇したのが小泉純一郎。この日は今にも雪が降り出しそうな底冷えのする曇天だったが、会場を埋め尽くした聴衆たちは、次第に身振り手振りを交えた小泉節に引き込まれ、会場は熱気に包まれた。

この日、小泉は三十分以上も熱弁をふるい、道路特定財源をめぐる与野党対立について、一般財源化を含む大胆な法案の修正を福田に促した。しかも、小泉が首相を辞して以来、個別の議員の応援に駆けつけるのは、〇七年の参院選の応援を除けばこれが初めて。小泉は本格的に政治活動を再開させたのか――。永田町ではそこに大きな注目が集まった。

この講演は、萩生田から泣きつかれた元首相・森喜朗が「たまには行ってやれよ」と小泉に頼んで実現した。その四日後、小泉は前副総裁・山崎拓らと会談。この会合には当初、民主党で「反小沢」の筆頭格である仙谷由人と前原誠司も出席する予定だったことが判明し、波紋を呼んだ。

首相を辞してからというもの、小泉は毎日、昼近くまで寝て、夕方からは好きなオペラや歌舞伎を楽しむなど趣味三昧の日々を過ごしてきた。体力が回復した〇七年春からはゴルフも頻繁に楽しみ、十二月には神奈川県のスリーハンドレッドクラブで元首相・森喜朗や元幹事長・中川秀直とラウンドした。もっとも小泉が現れたのは昼過ぎ。「ゴルフをするのに早起きなんてかなわない。ハーフを回るくらいがちょうどいい」と昼行灯を装っていた。しかも、〇七年九月には、アメリカ留学から帰国した次男を秘書に起用。その年末年始は、選挙区の挨拶回りも次男に任せた。

その小泉が突如、政治活動を再開させたことで、永田町では「改革が停滞する状況に業を煮やし、政界再編に乗り出すのでは」と与野党の双方から期待と警戒の入り混じった目が注がれた。

先の八王子の会合でも会場を満員にした小泉。国民的な人気は健在だった。この頃、民主党の若手議員が「今の日本で新党を結成してブームを作れるのは、小泉と宮崎県知事の東国原（英夫）の二人だけだ」と漏らしたように、小泉は依然としてカリスマ的存在だったのだ。

選対委員長の古賀誠ら小泉改革の修正を求める勢力に担がれて首相に就任した福田。だが、実はその福田が小泉に電話でアドバイスを求める機会が増えていた。道路特定財源の問題についても、小泉は、先の八王子での講演に先立って、福田にこう伝えている。

「民主党が賛成しなければ意味がないから中身は言わない。だが、一般財源化だって総理が言えば実現する。逆に総理以外にはできない。総理が誰かを指名して民主党と交渉させ、合意が出来れば、道路族も最後は仕方がないなとなる。内閣支持率も上がる」

かつて福田は、対北朝鮮政策をめぐって小泉やその秘書官・飯島勲と衝突し、小泉内閣の官房長官を途中辞任した。そうした経緯があるだけに、首相に就任した福田が密かに政権運営について小泉に相談していたことはほとんど知られていない。だが、考えてみれば小泉内閣発足時から三年も官房長官を務め、改革を軌道に乗せたのが福田だ。それに二人は互いに議員になる前の四十年近く前からの付き合い。〇七年の総裁選で小泉が福田支持を打ち出した時点で、関係は修復していても不思議ではなかった。そうはいっても当初は、福田が小泉に電話をかけることはほとんどなかった。それが増えてきたのは、内閣支持率の低迷と無縁ではない。

先の八王子の講演で、小泉は「福田政権誕生の頃には『年末年始には解散だ』とか『三月、四月には解散になる』といった声があったが、パタッと消えた。福田総理は解散を望んでいない。早くてもサミット後だ」と述べているのだが、小泉は解散についても福田と直接、意見を交わしている。

〇七年十一月、小泉は竹中平蔵チームの一員でもあるモルガン・スタンレー証券の経済研究主席・ロバート・フェルドマンの要請を受け、シンガポールでの投資家セミナーで講演した。その時「日本の解散総選挙は近い」との予想を述べているが、これは単なる「予想」ではなかった。「民主党の選挙準備が整わない年末・年始がチャンスだ。自公で過半数は取れる」と福田に直接、けしかけていたのだ。側近議員には一月二十日投票など具体的な日程案も示していた。だが、その小泉もその後の福田内閣の支持率低迷にはお手上げで「今はがまんだ」と漏らしていた。

この頃、一部週刊誌が「小泉が細川護熙（元首相）と密会したらしい」と報じた。「捏造記事もいいとこだ」と強く否定した小泉だが、そうした噂が出てくること自体、人材不足の永田町にあって、小泉がなお輝かしい存在であることを示していた。現に旧日本新党の関係者の間では、湯河原で隠遁生活を送る細川と小泉が組んで、改革勢力結集を旗印に政界再編に乗り出すことに期待する声が上がっていた。もちろん、小泉は福田内閣で改革が停滞気味だったことや、「小泉チルドレン」が選挙区調整で冷遇されていることに不満は持っていた。しかし、当面は「ねじれ国会」の下での民主党という「外圧」も利用し、自らがやり残した道路特定財源の一般財源化などの改革を実行させることに専念する構えだった。福田自身も、支持率の低下に加え、株価の低迷に見舞われ、「経済無策」との批判が強まるに至って、改革路線に傾斜した。その象徴が、小泉改革の継承を掲げる元幹事長・中川秀直の重用だった。

森内閣で官房長官に就任したものの、女性スキャンダルで途中辞任。小泉政権の下で国対委員長や政調会長として改革の実現に汗を流すことで復権を果たした中川。もともと新自由クラブから当選し、脱官僚政治を信条としてきた中川は、郵政民営化にも全面的に協力し、小泉の信頼を得てきた。永田町での出世は、同じ派閥の先輩・森喜朗に寄り添うことで実現してきたが、政治信条は小泉に近い。小泉とのパイプは健在で、日常的に会話を交わす唯一ともいえる国会議員だ。

安倍政権の幹事長として参院選惨敗の責任を取り、「しばらくは充電だ」と宣言したものの、森に請われて十月に町村派の代表世話人に就任するや否や、最高実力者の森の後押しもあって派閥を掌握した。〇七年末からは、その地位と小泉とのパイプをバックに首相官邸に日参。無役ながら政策面で福田に助言する場面が目に見えて増えた。

〇七年末の独立行政法人改革では、国土交通省所管の都市再生機構などの取り扱いをめぐって行革担当相・渡辺喜美を支援し、福田に掛け合って「現状維持」の方針を撤回させた。国交省が主導した空港の外資規制問題でも福田に再検討を進言し、受け入れられた。

中でも中川の影響力を見せつけたのが、二月中旬、首相補佐官に側近の伊藤達也を押し込んだことだった。伊藤は、小泉内閣で金融担当相だった竹中平蔵に副大臣として仕え、当選四回で竹中の後任の金融相の座を射止めた。ちなみに松下政経塾OBで初の大臣が伊藤だ。その後は、中川が政調会長や幹事長の在任中、その「特別補佐」を務め、政策アドバイザーとなってきた。中川と伊藤は、慶應義塾大学教授に戻った竹中を交え、頻繁に意見交換していた。実は、中川は一月に内閣改造が行われると睨んで、〇八年中から伊藤を売り込んできた。福田内閣が「改革に消極的」と見られていることが支持率の低迷や株式市場での外国人投資家の売りを招いているとして、竹中チームの伊藤を閣僚に登用して懸念を払拭すべきだと口説いていたのだ。結局、改造は見送られたが、伊藤を社会保障問題担当の首相補佐官に起用させた。

これに衝撃を受けたのが官房長官の町村信孝だ。官邸内で重要な人事が進んでいることを町村は直前まで知らされていなかった。正式に任命される数日前、伊藤から直接「総理から補佐官就任を要請されました」と挨拶されて初めて知ったのだ。

福田と町村は、これまでも不仲が指摘されてきた。事実、福田は民主党との大連立構想や薬害肝炎患者の政治救済といった重要案件を町村に知らせずに進めた。派閥の最高実力者の森は「総理を徹底して支えるという姿勢に欠けているから信用されない」と町村を度々叱責してきた。だが、町村にとって首相補佐官の件は、衝撃度が違った。何しろ清和会（＝町村派）で共に代表世話人を務める自分の最大のライバルである中川の直系が自らの足元に送り込まれ、重要政策に携わるというのに、それを知らされていなかったのだ。会見で町村は不快感を隠さなかった。

そもそも官僚出身の町村は、中川とは異なって、小泉政権時代から小泉改革には批判的だった。首相との意思疎通を欠く町村よりも、「影の官房長官」と呼ばれ始めた中川の方が、福田への影響力で上回っていることが明らかになりつつあった。中川は、年明けに福田と竹中を極秘で会わせたりもしている。だが、それでは福田が小泉路線に急傾斜したかといえば、必ずしもそうではなかった。

例えば日銀総裁人事だ。中川が早くから「民主党は副総裁・武藤敏郎の昇格に反対だ。ごり押しすべきではない」と武藤を断念するよう求めたのに対し、財務官僚たちの根回しを受けた町村は武藤支持。福田は結局、「武藤総裁」案を国会に提示した。小泉路線に傾斜しつつも、それにも乗り切れない福田。その曖昧さが「福田カラー」を見えにくくしていた。

公務員制度改革で仲違い

官房長官・町村信孝と行革担当相・渡辺喜美が激しく対立した公務員制度改革の基本法案は、縦割り行政の是正を掲げ、「内閣人事庁」創設を盛り込んだものの、その機能は閣僚への「情報提供、助言」へと後退を余儀なくされた。改革を水面下で主導したのは元幹事長・中川秀直で、ここでも「町村―中川戦争」が起きていた。

明治以来続く「霞が関」の硬直した構造は、天下りの問題や年金記録問題などの相次ぐ失政、不祥事の温床と言われる。改革の動きは〇七年五月、当時の首相・安倍晋三が「国家公務員制度改革基本法案」を国会に提出する意向を表明し、具体案を検討する「公務員制度の総合的な改革に関する懇談会」を設置したのが始まりだ。安倍の退陣で議論が滞り、官僚の抵抗もあって取りまとめ作業は大幅に遅れた。懇談会は〇八年一月末に報告書を決定、二月五日に福田へ提出した。縦割り行政打破を狙って人事管理を一元化する「内閣人事庁」の創設が中核だった。

自民党の改革派は即座に呼応した。翌六日夜、東京・紀尾井町のホテルニューオータニ

「KATO'S DINING & BAR」の個室に密かに集まったのは中川秀直と前総務相・菅義偉、元官房長官・塩崎恭久、自民党国家戦略本部事務総長の杉浦正健、前首相補佐官・世耕弘成。安倍内閣の「遺産」とも言えるこの改革構想を結実させたいとの共通意識を持つ面々だった。

「福田首相は官僚が好きだから、公務員制度改革に踏み込めないのではないか」。出席者の一人が口火を切り、自民党内で改革をけん引する方針を確認。中川は「官僚寄りの党行革推進本部だけでは改革は進まない。政府が及び腰ならば、議員立法でもやり遂げたい」として、国家戦略本部と合同で後押しする決意を示した。様々なメニューがある公務員制度改革だが、最終的には各省庁の幹部公務員を首相官邸サイドがどこまでコントロールできるかという一点に帰着する。それは首相官邸以外に各省庁、与党と分立した権力を前提とした従来の自民党政治の統治構造を踏襲するのか、首相官邸に権力を集中させる新たな統治構造への移行を目指すのかという政治の根幹に関わる路線論争となって表れた。この論争は抜本的な公務員制度改革を前面に掲げなかった小泉政権までは顕在化しなかった。だが、公務員制度改革を「戦後レジームからの脱却」の一つと位置付けた安倍政権以降、「官僚派」対「政治主導派」という自民党内の対立構図が際立っていた。

福田政権では、渡辺は内閣にとどまっていたものの、安倍政権を構成した「官邸主導派」の主要メンバーである中川や菅、塩崎らは政権の表舞台には立っていない。これに対し、「官僚好き」の福田本人を筆頭に、町村、自民党幹事長の伊吹文明と「官僚出身者」が権力の要に陣取り、そのコントラストは鮮明だった。

福田内閣の発足当初、公務員制度改革に関する法案の提出は「ねじれ国会」で絶望的とみられていた。このため中川らは「内閣人事庁」に焦点を絞り込む戦略を練る。安倍内閣での天下り規制は出口を押さえる第一段階で、内閣人事庁は人事を押さえる第二の仕掛け。いずれも縦割りの原因となっている各省の求心力の源泉である人事権をそぐ狙いだった。法案提出に極めて消極的だった福田は、内閣支持率の低下に歯止めがかからなかったことから、態度を変化させる。中川は公務員制度改革の必要性を説き、支持率低迷に悩む福田はその主張にも耳を傾け始めた。

「官僚組織や官僚は、いわばまな板の上のコイだ。コイ自身が包丁を入れることがあってはならず、政治がやるべきだ。反対の声が霞が関にあるようだが『縦割りの厚い壁もダイナマイトでぶっ壊せ』という声が党内にもある」

二月十五日、中川は仙台市でのパーティーで、官僚機構の抵抗をけん制した。ところが、この直後に明らかになった国家公務員制度改革基本法原案は目玉の「内閣人事庁」の設置が見送られ、報告書を「骨抜き」にする内容だった。改革派は「官僚トップの官房副長官・二橋正弘と町村が組み、骨抜きを図っている」と反発。二月十九日の国家戦略本部の総会では「改革後退だ」との批判が噴出した。三月五日、首相官邸に乗り込んだ渡辺は町村に対して「これまで各省の仲間内で行われてきた幹部人事を内閣でコントロールできる」と持論を展開したが、町村は「なぜこういう組織が必要なのか」とはねつけた。福田は記者団に「いろんな議論があって当然だ。最終的にまとめる努力をしなければいけない」と繰り返すのが精一杯だった。

首相と女房役の町村の反りが合わず、官邸が機能不全に陥っている現状は人口に膾炙していた。この「夫婦」は鼻っぱしらの強さとプライドの高さで共通しており、互いにはじき合うのも無理はない。中川は腹心の伊藤達也を社会保障担当の首相補佐官として送り込み、「影の官房長官」とも言われた。だが福田は官僚との距離感では町村に近かった。

福田の父、赳夫の政治は、自民党と社会党が表向き対峙しながら地下茎で手を握ってきた五十五年体制。国際的に見ると米ソ冷戦時代で、国内外とも対立の固定化による基盤安定の環境下で、前例踏襲の堅実な行政を担ってきた官僚群は、福田にとって信頼に値するものだった。中川の話に耳を傾けつつも、旧来の秩序を大きく揺るがす改革にためらいがあったのは間違いない。

福田内閣は四月一日の閣僚懇談会で、国家公務員制度改革基本法案の政府案を了承、自民党国家戦略本部に提示した。各府省庁の幹部は、人事庁と各府省庁の双方に所属させ、人事庁による幹部の一元管理を事実上見送った。

局長以上へ昇進する際には内閣人事庁が適格性を審査して一元管理して出身以外の府省にも配属する渡辺の狙いは後退。各府省による幹部公務員の人事権限に関しては、各府省が人事原案を作成し、内閣人事庁が内閣の重要方針に反していないか適格性を審査する玉虫色の内容にとどまった。具体的な制度設計は先送りされ、人事庁設置法案の策定段階でさらに骨抜きになりかねない内容だった。自民党内では「所属規定は『重婚罪』だ」（塩崎）と批判が渦巻いていた。

福田は日銀総裁人事で、副総裁・武藤敏郎の昇格案、国際協力銀行総裁の起用案と二人続けて大蔵（財務）事務次官経験者を提示したことで、官僚を重用する手法が浮き彫りになった。公務員制度改革はこの騒動の陰に隠れた印象もあるが、官僚主導を変革するという意味で、日銀人事の問題と公務員制度改革は底流で結び付いていた。

政府、与党内には、「省益ではなく国益を追求する『日の丸官僚』を育てる」と訴える行革担当相・渡辺の「スタンドプレー」と冷めた見方もあったが、事はそれほど単純ではなかった。「キャリア」と呼ばれる国家公務員一種試験の受験者数は一九九六年の二万二千二百八人をピークに、二〇〇七年には約四割減の一万四千五十八人まで急減した。代わって急速に人気を集めていたのが外資系金融機関。ゴールドマン・サックス社が〇六年末に明らかにしたデータによると、入社一年未満の新入社員へのボーナスは10万ドル（約1000万円）以上に上った。四十五歳のキャリア課長の年収は約1200万円の水準にとどまり、東大をはじめとする優秀な学生で外資系金融機関の門を叩く者は少なくなかった。

官僚組織は入省年次に応じて出世し、同期の誰かが事務次官になれば、他の同期は役所を去らなければならない不文律がある。それが特殊法人を増加させると同時に、民間会社を含む天下りの背景にある。官僚サイドは「政治主導になれば、ますます公務員人気が下がる」と警戒感を隠さなかったが、改革派は「能力主義に変えなければ、官僚志望者がさらに減りかねない。年功序列を改めれば優秀な人材は必ず入ってくる」と反論した。血税の無駄遣いが相次いで明らかになった道路特定財源の見直し問題、年金記録不備問題を引き起こした社会保険庁の改革問題など、福田政権が取り組まなければならない問題は、いずれも政治が官僚にどう対峙するかという問題だった。

官僚は既得権益の守護者というイメージを付与されており、福田政権が改革で「官僚寄り」と見られれば、さらに世論の支持を失いかねない状況だった。

一方、民主党は四月十六日に「霞が関・国家公務員制度改革案」の骨子を発表、楔を打ち込んだ。国家公務員の定年を六十五歳まで延長し、天下りを禁止。政治任用ポストを百人規模に拡大し、事務次官や局長など「幹部公務員職」人事は「内閣人事庁」で一元管理する内容だった。この民主党案は渡辺ら自民党改革派の原案と大差がなかった。政府が国家公務員の再就職あっせんのため十月に発足させる「官民人材交流センター」は認めず、天下りあっせんも禁止する。党行政改革調査会長の松本剛明は記者会見で「政府・与党が修正協議したいのなら応じる」とけん制した。

衆参両院の「ねじれ」が続く中、公務員制度改革は自民党と民主党双方の改革派が共闘しやすい課題だ。「自民党内で少なくとも六十人は我々の主張する抜本的な改革に賛同する」。中川は周辺にこう漏らした。自民、民主両党の改革派が距離を縮める展開になれば、両党ともに党内対立の先鋭化は避けられなかった。

秒読みとなった福田退陣

明治以来続く官主導の統治機構の大転換を掲げた公務員制度改革。その制度設計を担う推進本部の事務局長には、改革の切り込み隊長として期待の高い日本経団連参与・立花宏が就任した。しかし迷走の末の決着は、受け身でしぶしぶ決断する福田流と、政府・自民党内の深い断層を露呈。北海道サミットの政権浮揚効果も不発に終わり、福田退陣が現実味を帯び始める。

「経団連に長くいらした方です。行政についても、いろいろと今までも応援してくれた方です。立派な方ですし、積極的にいろいろ考えて下さる方ですから、大変適任だと思っています」

七月四日夜、官邸。立花を事務局長に起用した理由を記者団に問われた首相・福田康夫は官房長官・町村信孝と行革担当相・渡辺喜美が激しく対立した迷走劇を糊塗するかのように淡々と答えた。立花は東京大学卒業後、旧経団連に入り、専務理事などを歴任。行政改革に精通し、安倍前内閣の下で発足した政府の「官民人材交流センターに関する懇談会」で座長代理を務めた。町村は立花について「公務員制度に深い知見を持ち、最適の民間人であると首相が判断した」と評価、渡辺も「本気で改革を進めようとする人事だ」と絶賛したが、この人事は町村の敗北だった。

国家公務員制度改革基本法は六月六日の参院本会議で自民、公明、民主、社民各党などの賛成多数で成立した。縦割り行政の弊害を排除するため、内閣官房に官房長官をトップとする「内閣人事局」を設置。官房長官が適格性を審査し、各省庁の幹部候補者名簿を作成。人事は各閣僚が首相、官房長官と相談した上で決める。

基本法は五年間の公務員制度改革の方向を示すプログラム法。首相と全閣僚で構成される推進本部の事務局が法案策定作業を担う実働部隊になり、その事務局長が方向性を大きく左右する。

渡辺は「霞が関」寄りの人間が事務局長になれば制度が骨抜きになることを警戒し、改革に意欲的な人を選ぶ公募を主張。町村は「人事権は首相にある」と反発した。福田は渡辺の求めた公募を退ける一方、民間人の起用で「霞が関改革」への取り組みのアピールを狙った。

「公募は人事権のハイジャックに等しい。推進本部の事務局人事は自分が決める。あなたが推薦する人物がいれば伝えてほしい」

六月二十四日、首相は渡辺との会談でこう言い切って公募を拒否。渡辺は会見で「首相は各省から寄せ集める人事はやらないと言っている。その言葉を信じたい」と無念の表情で首相の意向を受け入れた。

具体的人選をめぐって町村側はこう主張した。「二十四日の会談時に首相が慶應義塾大学教授（当時）の清家篤を事務局長に起用したいとの意向を伝えたが、渡辺が『清家は霞が関寄りだ』と難色を示し、この人事案を葬る目的でマスコミにリークした」。一方、渡辺サイドは「二十四日の会談では首相が『人選は渡辺氏と相談する』と明言したにもかかわらず、町村が勝手に清家事務局長案で調整に入った結果、情報が漏れてしまった」と反論した。

「私は渡辺大臣とは一緒に仕事はできない。何をやっても悪く言われる」。結局、清家は就任を固辞し、事務局長人事は振り出しに戻った。福田は日本経団連会長・御手洗冨士夫の協力も得て、立花を口説き落とした。表向き、町村と渡辺の激突に映ったが、核心は町村と自民党元幹事長・中川秀直の対決だった。内政問題、ことに行政改革をめぐっては、この二つの勢力争いが通奏低音のように永田町に流れており、福田はその「やじろべえ」のはざまで揺れ動いていた。事務局長人事をめぐる右往左往はその象徴にほかならなかった。

町村はアフガニスタンへの自衛隊派遣に向けた調査団の派遣では自ら口火を切るなど独走が目立った。沖縄の米軍普天間飛行場の移設計画を前進させようと、外相の高村正彦と対立し、移設位置の沖合修正で沖縄県側と合意を図ろうと水面下で動いたこともある。官邸関係者は「内閣改造で福田から放逐されないようアピールしたのだろう」と解説するが、その言動は「首相との意思疎通に欠く」（防衛省筋）と評されるように、裏目に出た。

「あと一年くらいで選挙があり、自民党は官僚の味方だと言われないようにしないといけない」。六月十七日午前九時過ぎ、自民党本部七〇七号室で開かれた国家戦略本部総会では公募制を後押しする意見が相次いだ。福田に対する圧力をかける目的で開かれたのは言うまでもない。

閣議を終えて駆けつけた渡辺が「良いタイミングでこの会合を開いていただき感謝している。改革が骨抜きにならないよう細心の注意を払って検討していきたい」と頭を下げると、最後に顧問の中川が「今の公務員制度は山縣有朋内閣の時に作り上げたものが基本的に変わらないまま百十年も続いている。事務局体制も人選を官僚に任せれば、われわれの姿勢が問われる」とげきを飛ばした。

翌十八日夜、首相官邸。官僚トップの官房副長官・二橋正弘は首相官邸で記者団にオフレコで懸命に説き、中川らの巻き返しに抗戦した。

―事務局長を公募にしたいと考える人は首相官邸には誰もいない。政府のルールもわかっている人でなければ困る。これから五年はやってもらうことになる大事な人事だ。公募にすると、手を挙げた人になってしまう。こちらがやってもらいたい人とやりたい人は異なるんだ。選挙と同じで、公務員制度改革には土地勘みたいなものが必要であり、全くの門外漢はダメだ。人事権はあくまで首相にある。こちらが情報を集めて、四、五人の候補から選んでもらう方法がいい―

この勝負、結果的に中川チームが町村―二橋コンビを撃墜して決着した。公務員びいきとされる福田は国民の視線も意識し、「変心」した格好だが、自身のリーダーシップは全く見えず世論にもほとんど響かなかった。

一連の「公務員バトル」に前後して開かれた北海道洞爺湖サミット。政権浮揚の目玉として位置付けていた大イベントだったが、この後のマスコミ各社の世論調査で内閣支持率は二五％前後と横ばいか微増にとどまり、サミット効果で政権浮揚を図る目論見は完全に外れた。「自らが正しいと信じる政策を着実に実行していくだけだ」。福田は周囲にこう漏らしたが、その政策が支持率アップに反映しないまま、政権には最後の時が近づいていた。

「政治音痴」に拍車で迷走

福田は、北海道洞爺湖サミットのホスト役を務めて地球温暖化への取り組み姿勢をアピールし、日中間の懸案である東シナ海のガス田共同開発でも合意にこぎつけ、「外交の福田」の売り込みにある程度は成功した。一方で福田内閣の後期では外交、安全保障政策の綻びも目立った。中国・四川大地震の被災者に対する自衛隊機での物資輸送の見送りや、成算なきアフガニスタン調査団など、外務省の画策が福田官邸の「政治音痴」に拍車を掛けていた側面は、実はあまり知られていない。

「今は『秘密主義長官』ですか？　それから何ですか？　『影の外相』ねえ。『影の防衛長官』。いろいろ名前はありますが、まあ、しょせん影ですからねえ」

福田が記者会見で自重気味にこう語ったのは小泉内閣当時、官房長官在任が歴代最長になった二〇〇四年四月六日だった。それから四年余り。〇八年春以降の福田は拉致被害者の「再調査」などで合意した日朝公式実務者協議や中国とのガス田協同開発合意など外交攻勢を強めていた。外相の高村正彦を差し置いて本人は「真の外相」の心境だったのかもしれない。

福田は六月十三日、北朝鮮に対する経済制裁の一部解除方針に拉致被害者家族会から反発の声が出ていることに触れ、「向こうは当然、見返りを期待する。そういうことがなければ交渉もできないということだから、非常に限定的な形で解除してもいいと考えた。政府方針は変わっておらず、あくまで拉致被害者全員の帰国を目指している。交渉しなければ解決しない」と記者団に力説してみせた。しかし、北朝鮮がいまさら「再調査」するというのもナンセンスの極みだった。拉致被害者の所在を全て確認し、行動確認を続けているのは疑う余地がない。米政府は北朝鮮が拉致被害者の再調査の約束などを表明したのを受け、北朝鮮のテロ支援国家指定解除に向けた手続きに着手。米国は六カ国協議に基づく寧辺の核施設無力化と核計画申告を最優先しており、中身が伴わなくとも日朝関係の前進を奇貨として、米朝関係を大きく修繕させ、ブッシュ政権としての成果を残したいと考えていた。この米国の意向にあらがえないのが実情で、福田内閣は拉致被害者家族や日本の国内世論からしっぺ返しを受けかねなかった。

福田はもともと「外交がライフワーク」。実際には、外務省に「おんぶに抱っこ」(民主党幹部）の状態だった。女房役の官房長官・町村信孝も旧通産省出身で、外相を経験したことも手伝い、外務省との距離が近かった。警察官僚が中軸を占めている内閣情報調査室（通称・内調）の組織を再編してポストを拡大するよう外務省は町村に促し、水面下で警察庁側とバトルを繰り広げた。外務省の独走を許したのは福田、町村の「外交官好き」に加え、首相、官房長官、官房副長官の各秘書官が外務省の「目と耳」と化し、官邸を「直轄地」として縦横に動いていたからだ。この弊害が顕在化したのが中国への自衛隊機派遣見送り問題である。

四川大地震発生から十五日後の二〇〇八年五月二十八日昼、「中国政府が自衛隊機の使用を含めた追加支援物資の輸送を日本政府に打診」とＮＨＫニュースが報道。この日夕には、被災地への救援物資輸送のため、航空自衛隊Ｃ１３０輸送機の中国派遣に向け検討に入ったと町村が記者会見で言明した。

ところが、町村は二日後の三十日の記者会見で「中国国内の一部の慎重論を考慮した。輸送手段の自衛隊機に焦点が当たってしまった」と自衛隊機の見送りを発表――。これがドタバタ劇の概略だが、経過を細かく検証すると、福田政権と外務省の頓珍漢ぶりが浮かび上がる。

「自衛隊のテントや毛布を提供する用意がある。その際は自衛隊の輸送機で空輸することになる」

五月二十七日夜、北京。日本大使館の駐在武官（陸上自衛隊一佐）が対峙した相手は中国国防部アジア局の課長級職員だった。中国側は「それも念頭に置きたい」と回答し、その日のうちに空輸の希望地として北京と被災地の都市・成都を挙げて書面で要望を出してきた。この内容が直ちに公電として外務省経由で首相官邸に届けられた。公電とは在外公館から外務省への連絡事項をしたためた書簡で、重要度に応じて数ランクに分類されている。この公電は低位の位置付けだった。駐在武官と国防課長クラスのやりとりに過ぎなかったからだ。

実はこの数日前、中国国防部は北京にある主要国大使館の駐在武官を集めて説明会を開いて「われわれは物資支援を要望しており、提供を歓迎する」と援助を求めていた。地震の甚大な被害で中国政府関係者は忙殺されており、日中間の歴史的な経緯や予想される中国国内の反発に思いを巡らす暇もなかったに違いない。

しかも「ミリタリーｔｏミリタリー」の実務的なやりとりで、話の前提が自衛隊による援助に限定されている。当然のことながら、中国政府内で調整した上での打診ではなかった。

こうした背景を十分に承知の上で、日本の駐在武官は職務に忠実に公電を書いたに過ぎない。「中国政府が自衛隊機による物資輸送打診」との新聞、テレビ報道を知った駐在武官は腰を抜かさんばかりの驚きようだったという。最大の問題は、これが駐中国大使・宮本雄二の決裁を経て外務省経由で町村と福田の下に届けられ、何ら分析や評価、容易に想像される中国世論の反発の可能性をすべて捨象し、公電の内容をそのまま受け入れて発表したことだ。その結果、本来はテントなど救援物資が主眼だったにもかかわらず、中国政府が「自衛隊機での空輸」を求めてきたという話に大きく変質してしまったのだ。

中国では日本政府の自衛隊機派遣の方針が報じられた後、インターネット上などで反発の声が噴出。もともと十分な調整がなく、自衛隊輸送機を公式に求めてもいなかった中国政府は結局、自衛隊輸送機を拒むことになった。中国側も自衛隊輸送機の受入れがどのような反応を引き起こすか深謀遠慮が足りなかった側面は否めないが、そこまで余裕もなかったのが実情だったのだろう。一義的には日本側、特に外務省と首相官邸の政治判断に瑕疵があったといわざるを得ない。

ところが首相官邸では「防衛省が自衛隊機を中国に派遣するために、公電を利用して画策した」と真顔で語られた。これも官邸に情報網を張り巡らせた外務省による責任転嫁の浅はかな情報操作だったが、福田、町村はこれを信じていたようだ。

五月十一日、日朝実務者協議の直前、外務省主導による別の伏された動きがあった。

アフガニスタン本土での自衛隊による支援活動の可能性を探る目的で、外務、防衛両省職員や自衛官らで構成する政府合同調査団が八日、現地に向け密かに日本を出発したのである。

八月後半に召集される臨時国会に向け、政府はアフガン本土への自衛隊派遣実現に向けた法整備の検討を進めていた時期で、カブール国際空港など現地の情勢を把握する必要があるとの判断だった。

自衛隊派遣を随時可能とする恒久法に加え、海上自衛隊によるインド洋での給油活動の根拠である新テロ対策特別措置法が二〇〇九年一月で期限切れとなるため、給油活動を継続させる同法改正案にアフガン本土での活動を可能とする条項を盛り込む案が浮上していた。

「海上自衛隊の給油活動継続とプラスアルファで何らかの活動ができるのかどうか。海上か、アフガンの陸上も含めて、視野を広げて政府として考えようとしている」。町村は五月末の講演で、アフガン本土への自衛隊派遣を検討していると自ら明かした。実は政府内では四月からアフガン自衛隊派遣への動きが本格化。マスコミに漏れないよう外務省、防衛省とも慎重に扱ってきた。ところが官房長官が喜々として、この秘密を公にしてしまったのである。

最も戸惑ったのはアフガンに派遣されかねない自衛隊、特に危険性が高い陸上自衛隊であった。「既成事実化して、後にひけないようにしている」「外務省の思惑に沿った動きじゃないか。われわれは行きたくないんだ」。陸自幹部は口々に外務省への不満を口にした。

スーダン南部で展開中の国連平和維持活動（ＰＫＯ）スーダン派遣団（ＵＮＭＩＳ）の司令部

に自衛官五人前後を先行派遣する案も検討。この後は、インフラ整備に当たる陸上自衛隊施設部隊も参加させたいと意気込んだ。外務省幹部は「北海道洞爺湖サミットでスーダン情勢は欧米諸国が大きな関心を寄せるテーマであり、議長国の日本が何もしないでは済まされない」と強調したが、当の自衛隊は「危険性が高い」と及び腰だった。

一般的に政府調査団は、自衛隊投入が事実上決まった上で、前さばき的に派遣されてきた。つまり、「調査団派遣」イコール「自衛隊投入」という方程式だった。しかし、今回は法的根拠の見込みもないまま調査団をアフガンへ送り込んでしまった。

政府調査団がアフガンを回っている最中の六月十日、来日中の米国務次官（政治担当）・バーンズは、東京の米国大使館で記者会見し、「日米はアフガン復興に共通の利益がある。日本の新たな貢献、支援を大いに歓迎したい」とアフガン本土での自衛隊活動に強い期待感を表明した。

アフガンへの自衛隊派遣をめぐっては、民主党代表の小沢一郎が二〇〇七年秋、アフガン本土で活動する国際治安支援部隊（ＩＳＡＦ）の民生分野に自衛隊や文民を参加させる考えを示していた。このため町村には「大連立構想」の夢よもう一度、との思いと民主党揺さぶりの狙いがあったのかもしれない。だが小沢は福田自民党と組む気はもはやなかった。しかも連立パートナーの公明党からは慎重論が相次ぐ始末だった。

洞爺湖サミットなどの外交政策で政権浮揚を図ったが……

米国や欧州諸国の期待は失望に転じ、福田内閣への国際的な信頼は一気に失墜しかねない状況だった。その危険性を顧みないまま、外務省主導の「官邸外交」が独り歩きしていた。

米国と創価学会で股裂きに

福田改造内閣で初めて臨む臨時国会は迷走の末、福田の望んだ八月より大きくずれ込み、二〇〇八年九月十二日の召集が決まった。最大の焦点は海上自衛隊によるインド洋での給油活動を来年一月以降も継続させる新テロ対策特別措置法延長案が成立するか否かだった。衆院の三分の二で再可決する「伝家の宝刀」も公明党抜きでは飾り物に過ぎない。その公明党が原油高の折、支持母体の創価学会の意向も踏まえ、延長に否定的な姿勢を貫く一方、米国は給油継続を強く求めていた。アメリカを取るか、創価学会に配慮するか。首相・福田康夫は股裂き状態となった。

「臨時国会の召集日と会期を決めました。最善を尽くしていきたい」

八月二十六日午前、自民党本部で開かれた役員会で、福田は（1）景気の回復に向けた総合経済対策（2）インド洋での海上自衛隊による給油活動継続（3）消費者庁設置関連法案（4）前通常国会での積み残し案件――の対応に優先的に取り組む考えを強調してみせた。だが意気込みとは裏腹に、臨時国会で超えるべきハードルは高かった。

政府、与党は臨時国会を九月十二日に召集し、会期幅を十一月二十日までの七十日間とする段取りで合意したが、これは新テロ特措法改正案の衆院再議決を前提としないよう主張した公明党に配慮したもので、六十日以内を主張した公明党と八十日以上を想定していた福田サイドの折衷案となった。民主党など野党は、新テロ特措法延長に反対の立場を明確にしていた。延長させるには公明党の協力を得て、衆院議員三分の二の再議決で成立させるしかない。衆院での再議決は、最初の衆院可決を経て、参院送付後六十日で「みなし否決」できる憲法規定に基づく。福田は何とか公明党を引き寄せようと国際貢献の必要性を説く一方、年内に延長案を成立させるため、当初は八月下旬の臨時国会召集を模索した。衆参両院での審議に計一カ月余りを要するとして、八月下旬の召集であれば、十一月に再議決できるとの算段だった。ところが、公明党はこれに猛反発し巻き返した。

「福田首相は、給油活動を継続する法案を衆議院での再可決を使って成立させたいと思っているだろうが、そこは総理の思いと公明党の思いがぶつかることになる。再可決を前提とした日程を組むべきではない」。公明党国対委員長の漆原良夫は八月十九日、こうけん制した。

自民党と公明党は、臨時国会で補正予算の審議を最優先させる方針だった。そのため、会期内に衆院で与党が三分の二の多数で再議決できる可能性は低い。加えて、公明党は再議決を前提とした会期延長に否定的だった。

年末年始の衆院解散・総選挙に照準を合わせているためで、七十日間という会期幅は、福田と公明党との対立を先送りしたに過ぎず、溝が埋まる気配はまったく見えなかった。「何としてもインド洋の給油活動だけは継続させたい――」。七月二十八日午後五時半すぎ、首相官邸の総理大臣応接室。公明党代表の太田昭宏、幹事長の北側一雄と対峙した福田はこう頭を下げた。

福田は新テロ特措法の延長に向け、公明党から一任と協力を取り付けようとしたが、太田らは景気対策の必要性を主張して議論は平行線を辿った。給油継続に福田が固執した理由は何か。内閣発足以来、積極的に国際貢献する「平和協力国家」を目指す方針を唱えてきた事情もあったが、そのお題目だけをよすがに、継続にこだわってきたわけではない。発端は七月六日、北海道洞爺湖サミット直前に開かれた日米首脳会談にさかのぼる。

「海上自衛隊のインド洋での給油活動は来年一月以降も継続させます」。洞爺湖を眼下に見下ろす「ザ・ウィンザーホテル洞爺」。米大統領・ブッシュと対峙した福田は「アフガニスタンへの自衛隊派遣は新法が必要で、現状では難しい」と前置きしてから、こう言明したとの話が八月下旬に永田町を駆け巡った。ブッシュはアフガン派遣見送りに「わかった」と渋々応じ、福田の給油継続発言に対しては「日本の給油活動は日米同盟だけでなく、日本と国際社会の関係でも極めて重要だ」と歓迎してみせたという。すなわち、福田は同盟国のトップに給油継続の手形を切っていたのである。このやりとりは日本政府内で封印された。

給油の根拠である新テロ特措法は、二〇〇九年一月十五日に期限を控えていた。福田の発言は臨時国会で延長案を成立させるとの意思を表明したに等しかった。日米首脳会談の時点で、公明党は給油の継続にさほど否定的な見解を示しておらず、この後になって、原油高も相まって無償で給油を続けることに難色を示し始めた。福田は公明党の出方を見誤り、大統領に言質を与えてしまったわけだ。公明党は〇九年夏の都議選勝利に全力を傾ける考えで、支持母体の創価学会員が「選挙疲れ」しないよう、〇八年の秋から年明けの衆院解散・総選挙に持ち込みたいと画策していた。創価学会発祥の「聖地」である東京都で与党の座を堅持することは組織防衛上も最優先の課題だった。

都議選と衆院選に向け、有権者に受けない政策は極力排除するとともに、「ばらまき」批判もよそに兆単位の大型補正予算で中小企業対策など「アメ」はできるだけ与える戦略を描いていた。

原油や物価の高騰で生活が苦しくなる中、いくら「テロとの戦い」を叫んだところで、遠くインド洋で「無料の洋上ガソリンスタンド」を続けることに有権者の理解は得られまいとの声が根強かった。民主党など野党は「国民が生活苦で喘いでいるのに、政府与党は米国などに油をじゃぶじゃぶあげている」と批判を強めるのは間違いない――。公明党は福田の方針に公然と異を唱え始めていた。公明党政調会長の山口那津男は〇八年八月三十一日のＮＨＫ番組で、給油継続に関し「最終的にどうするかは、その時点での政治判断だ」と慎重な姿勢を表明した。

福田が政権を投げ出したのは、その翌日の九月一日だった。福田は給油継続に加え、生活者重視の消費者庁設置法案なども目指していたが、早期の総選挙を求める公明党の圧力で臨時国会の会期を十分確保できず、重要法案成立の目途が立たたぬまま官邸を去った。「首相の受け答えは他人事のように聞こえる」との記者会見での質問に捨て台詞を残して。

「わたしは自分自身を客観的に見ることはできるんです。あなたとは違うんです」

後継首相に麻生太郎が確定的になると、公明党は「テロとの戦いは国際社会全体の問題だ。日本も可能な範囲で役割を果たさなければならない」（幹事長・北側一雄）と給油継続へと姿勢を転換した。十一月中の衆院選実施を前提とした譲歩だった。だが内閣支持率の低迷に苦しんだ麻生はその後、解散を〇九年へ先送りし、公明党との溝が表面化していく。

第三章

変貌する創価学会と政治

安倍晋三と池田大作の密会

自民党総裁が小泉純一郎から安倍晋三に交代した直後の二〇〇六年九月三十日、公明党の代表も八年ぶりに代わり、太田昭宏が新代表に就いた。太田は、宗教法人である創価学会で名誉会長・池田大作の後を追うように男子部長、青年部長などの要職を務めた池田の直系。新幹事長の北側一雄も、池田が創設した創価大学の第一期生で池田門下生だ。

そのわずか一カ月余り後の十一月九日、今度は二十五年もの間、創価学会の会長を務めてきた秋谷栄之助が突如辞任。原田稔が新会長に就任することが発表された。事実上、池田による秋谷の解任だった。原田は長年、池田の秘書役を務めた側近中の側近。創価学会と公明党をともに池田が直轄統治する体制の完成だった。

新会長の原田は、東京大学卒業後、直ちに学会本部に入り、若いころから池田の身の回りの世話をしてきた。だが、学会内では「あくまで池田先生の有能な『秘書』であり、『側用人』だ。大組織をまとめていけるような人物ではない」と評されてきた。秋谷の後任は、今回、新たに理事長に就任した正木正明か、副会長の一人で若手幹部たちの人望を集める谷川佳樹が有力視されてきた。

それがなぜ原田の起用になったのか。確かにまだ五十代前半の正木や谷川の抜擢では、他の古参幹部や公明党幹部と年齢が逆転し、無理があったのは事実だ。そうであるならば、なぜ秋谷を代えたのか。結局、池田が、自らと同じく二代会長・戸田城聖の門下生である秋谷を外し、自分が健在なうちに池田体制を磐石にすることが目的だったというのが、関係者の一致した見方だった。そこから、将来は、池田の長男で副理事長の博正を後継にする布石だとの見方も一部で出たが、現職幹部たちは一様にこれを強く否定した。

池田は、今回の会長交代に際しての挨拶で、「ここに集まった大切な最高幹部は、皆会長と同じです」と述べている。つまり、新会長の原田も、自分の下で集団指導体制を担う幹部の一人にすぎないということを公言したのだ。実際、原田新体制の発足に伴い、創価学会の日常の運営は、原田、正木、谷川、それに副理事長の長谷川重夫という四人の幹部による集団指導体制に移行。同時に原田らを通じて池田の意向が、より強く日常業務に反映されるようになっているという。

問題は、それが政界にどう影響するかだ。実は、この会長交代劇によって、公明党と学会の関係には直ちに変化が生じた。公明党幹部が、普段よりかなり早く、午前七時頃に議員宿舎を出て行く姿は、以前から時折見られた。彼らが向かう先は、東京・信濃町の学会関連施設。創価学会の幹部たちとの非公式な協議に出席するためだった。

ところが、二〇〇六年秋、公明党代表と創価学会会長が相次いで交代すると、それまでは月に数回程度だったこの協議が毎週のように開かれるようになった。学会側の出席者は、先ほど触れた原田、正木らの大幹部に加え、婦人部長や青年部長など約十人。一方の党側も太田をはじめ、幹事長の北側、政調会長の斉藤鉄夫（当時）、国対委員長の漆原良夫ら約十人だった。この席では、党側が政策課題や国会の見通し、選挙情勢などについて報告し、それに対し学会側が意見を述べるという形で行われる。一九七〇年、創価学会による「言論出版妨害事件」を機に、池田自らが宣言した学会と公明党の「政教分離」は、やはり形骸化していたのか――。そう思わざるを得ないほど両者の関係はより一体化してきている。

学会・党双方のトップが池田直系で固められ、同時に両者がより緊密に連携するようになったことは、池田の意向が組織の隅々までストレートに伝わる体制が完成したことを意味していた。

このトップ交代劇を目前にした二〇〇六年九月、安倍晋三は池田大作と密かに会談している。実は、この異例の密会も、学会と党のトップ交代と深く関わっていた。

会長職を退いた秋谷は、四半世紀にわたり、日本最強の選挙部隊である創価学会婦人部・青年部を養成し、その指揮を執ってきた。早稲田大学同窓の自民党参院議員会長の青木幹雄とは、秋谷が会長に就任する前からの古い付き合い。青木がかつて秘書をしていた故・竹下登を筆頭に、旧経世会（＝現津島派）を中心として政界に幅広い人脈を誇ってもきた。それを駆使し、集票力で自民党をがんじがらめにもしてきた。一方、新会長の原田を知る政治家は、ほとんどいない。このため、自民党では「四半世紀も学会の集票マシーンを駆使してきた秋谷退任の影響は大きい。これからは学会が自民党のためにフル回転するのは無理ではないか」との声も上がった。

その秋谷を「切った」池田の真意については「旧経世会人脈を誇った秋谷を退け、当分は安倍の出身派閥・清和会（森―町村派）とやっていくとの意思表示だ」という解説も流れた。確かに、かつてのように旧経世会人脈が重要でなくなったことは、一つの理由だろう。しかし、現職幹部によれば、トップ交代の目的は、池田が学会と党を直轄統治することにあり、同時に公明党はあくまで学会の組織拡大のためにあることを組織の内外に広く再認識させることにあったという。

総裁選で自民党総裁に選出されたばかりの安倍が、密かに首相官邸の官房長官室を抜け出し、渋谷区・松濤の学会施設に向かったのは、総裁選から二日後、首相就任四日前の九月二十二日午後だった。東京でも屈指の高級住宅街の一角にひっそりとたたずむこの施設は、密談にはもってこいだった。会談では、まず池田が、安倍の祖父である元首相・岸信介や父親の元外相・安倍晋太郎と交流があったことを持ち出し、ひとしきり安倍との深い「因縁」について雄弁に語った。その後、池田は日中国交正常化に大きな役割を果たした創価学会の歴史に触れながら、とりわけ環境対策での日中協力が今後、重要になると説いた。一方の安倍は、目前に迫っていた二つの衆院補選や翌年の参院選での協力を要請した。安倍にとっては、公明・学会嫌いの本心を抑え、池田に頭を下げる理由は十分にあった。

では、少なくともここ十数年、公明党以外の現職政治家とは会わなかったとされる池田が、安倍の面会の申し出を受けたのはなぜか。

この会談の時点で、公明党の代表を自分の直系の太田に代えることはすでに決まっていた。一方で、池田は、創価学会の会長も交代させる腹を固め、そのタイミングを図っていた。それが安倍と面会した理由の一つだったのだろう。政界との太いパイプを誇る秋谷を切るためには、学会内の不安の声を抑える必要があった。そのため、政界との関係も自らが仕切れることを見せつけたのだ。池田は十月七日、東京・八王子の創価大学で開かれた自身二百個目となる名誉学術称号の授与式で、数百人の出席者を前にあえて安倍との会談に触れている。

「(日中友好の重要性については)アン(安倍)ちゃんにもよく言っておいた」

安倍に外交を「指南」してやったのだと、自ら宣伝したのだ。

さらに注目すべきはこの会談の同席者だ。そこには会長の秋谷の姿はなく、副会長の一人で弁護士の八尋頼雄のみが寄り添っていた。八尋は、裁判対策など池田に関わる裏仕事を一手に引き受けてきた池田側近。政界とのパイプも持ち、以前から自民党の中川秀直や二階俊博らと親しかった。つまり、池田は、今後の政界との連絡役は、秋谷ではなく、八尋だということも安倍に示したのだ。これは、安倍にとっても好都合だった。なぜなら、秋谷は、安倍が内心、影響力を排除したいと考えていた青木幹雄と極めて親しく、学会との関係が秋谷頼みでは、青木に頭が上がらない。安倍にとって秋谷抜きのパイプは、貴重だった。この会談については、学会も安倍も、公式にはなお事実の確認を避けている。それにもかかわらず、この情報が漏れたことで、安倍に対する学会員の感情は劇的に好転した。同時に池田は、安倍との〝深い因縁〟を示す逸話を聖教新聞に掲載させた。

話は、一九五八年に遡る。この年の三月十六日、日蓮正宗の総本山・大石寺で、「広宣流布の模擬試験」と呼ばれる大集会が開かれた。ここで、創価学会二代会長・戸田城聖から、後に三代会長となる池田大作へのバトンタッチが決まったとされる。

この集会には、戸田と親しかった当時の首相・岸信介が出席を約束していた。結局は、公務を

憲法改正等で主張が対立する両党首だが……

理由に欠席するが、岸の娘婿で秘書だった安倍晋太郎が代理で出席。戸田から池田への継承が決まるという学会にとって歴史的な集会に、安倍の父親が出席していた――。学会員が安倍に親近感を抱くのは当然だった。その後の衆院補選などでは、学会が自民党のためにフル回転した。安倍は、池田と会うことで大きな果実を得たのだ。

だが、それは両刃の剣でもあった。安倍内閣が最重要課題に掲げるのは憲法改正。だが、学会・公明は、改憲に慎重だ。公明党が改憲へのブレーキ役を務める中で、安倍がなお公明党にすり寄り、妥協すれば、安倍のコアな支持層である保守層が離れかねない。

自ら「タカ派」を標榜する安倍と平和主義を

掲げる創価学会。大きな矛盾を抱えたまま、蜜月関係を演出した両者だったが、それはいつ崩れても不思議ではない関係だった。

公明党に変化を迫った学会新体制

二〇〇六年も仕事納めの十二月二十八日の夕刻。安倍晋三は、前日辞任した行革担当相・佐田玄一郎の後任人事の辞令交付など、問題の処理をようやく終え、年末恒例の内閣記者会や官邸職員との仕事納めの懇親会に顔を出した。しかし、午後五時過ぎになると慌しく執務室に戻る。そこには、公明党代表の太田昭宏が待っていた。

太田が面会を申し入れた理由は、政府の「アジアゲートウェイ構想」に関する公明党の提言を渡したいというものにすぎなかった。しかも、安倍との会談はこれで三日連続だった。

前々日も太田は、官邸に安倍を訪ね、年収の多いサラリーマンを対象に労働時間規制を撤廃する「ホワイトカラーエグゼンプション導入法案」の国会提出に反対を申し入れた。前日は、自らの選挙区である東京・北区の商店街を視察した安倍に同行し、言葉を交わしていた。

太田は年明け早々の六日にも安倍に電話を入れる。安倍が年頭の記者会見で、七月の参院選で憲法改正を争点に掲げることを言明したのを受け、「憲法改正の中身の論議は時間をかけて行うべきだ」として、参院選での争点化に懸念を伝えたのだ。翌七日、中国を訪問した太田は、現地で同行記者団と懇談し、自らこの話を披露した。

太田がこうした行動をとった理由は、いくつもあった。まず第一に、四月の統一地方選、七月の参院選という政治決戦が近づき、公明党の存在感を誇示する必要があったからだ。

太田は、八年間も代表を務めた神崎武法の後を継いだばかり。しかも就任にあたっては、創価学会の内部、とくに婦人部から異論が出て、名誉会長の池田大作が、最終的なゴーサインをなかなか出せなかったという経緯もあった。それだけに存在感を示さなければとの思いも強かった。

さらに、太田は、学会幹部から議員に転じた「学会原理主義者」。公明党大会での代表就任の挨拶では、自民党との連立について「お互い言うべきことは言わなければならない。時に自民党をリードする気概を持ちたい」と独自色発揮を宣言した。代表就任前には、前幹事長の冬柴鐵三を「自民党に取り込まれ、その論理で動いている」「支持団体（＝創価学会）の意向を無視している」と厳しく批判してきた。だが、太田が代表に就任してから二カ月余りの間、「独自色発揮」を実行した気配はなかった。公明党が目立ったのは、二つの衆院補選と沖縄県知事選でフル回転し、自民党を勝たせたことくらいだった。

太田は、安倍とは当選五回の同期ながら、それまで付き合いはほとんどなかった。それもあって代表就任後はまず、中国とのパイプを生かし、安倍の親書を携えて中国を訪問して首相の訪中に道筋を付けようと考えた。安倍に恩を売り、同時に自らの存在感を示すこともできると考えたからで、その意向を公にもした。ところが、安倍は自ら電撃的に訪中。安倍サイドとのパイプがなく、官邸情報が入らないことを世間に露呈して恥をかいた。

こうした経緯もあり、太田には、就任後しばらくは安倍との間に良好な関係を構築したいという思いもあったのだろう。官邸や自民党に対し、強い態度に出ることはなかった。そうこうしているうちに、安倍内閣の支持率は急降下する。公明党が独自色を強く出し過ぎて政府・与党内で揉めていると見られるのはまずいという判断も働き、「太田色」を出せないまま、時が過ぎていった。

その太田が、年末になって急に存在感の発揮に躍起となった背景には、頻繁に開かれるようになった学会との定期協議がある。そこで学会側から、より存在感を発揮し、「果実」を得るよう繰り返し要求されたのだ。太田体制になって以降、サラ金のいわゆるグレーゾーン金利を廃止する貸金業規正法等の改正、年末の予算編成での児童手当の乳幼児加算の実現など、公明党が主張してきた政策は、それなりに実現した。参院選の日程についても、一月の通常国会の招集日を遅らせることによって、それと連動する参院選の投票日を一週間ずらすことに成功した。政府・自民党は、参院選の投票日を内々七月十五日と決めていたが、公明党が強引に七月二十二日に変更させた。この年は十二年に一度の統一地方選と参院選が重なる亥年だった。運動員をその時々の選挙でフル回転させる学会としては、四月の統一地方選と参院選の日程は、一日でも離したかったのだ。

しかし、その程度で学会側は満足しなかった。選挙の現場で支持拡大を訴えて走り回る婦人部の活動家にとって、武器となる「公明党の成果」はどれだけあっても十分とはいえない。それゆえ、学会側は、頻繁に開かれるようになった党側との協議で、「さらに実績を」と繰り返し求めた。これで太田の尻に火が付いたのだ。池田支配が強まり、その結果として独自色を強めようとする公明党。だが、自民党との距離をどう取るか、そのかじ取りは極めて難しかった。

安倍は、政権の命運がかかる参院選を控え、首相就任直前に池田大作と面会。政策面でも公明党の要求に応えるよう自ら各省に指示を出したりもしていた。とはいえ、本音では「学会嫌い」。かつては、反学会の有識者らで作る「四月会」の会合で学会批判を展開し、池田大作の糾弾ビラを選挙区で大量にばら撒いた過去も持つ。

一方で、幹事長の中川秀直は、講演で「安倍首相は、政界再編をしてでも憲法改正を実現する決意だ」と明かしている。夏の参院選で自公の与党が勝利すれば、民主党は急速に求心力を失う。その時、安倍は民主党の保守系議員を与党に引き込み、場合によっては改憲に慎重な公明党を切り捨ててでも憲法改正を実現させたい——。中川発言はそういう意味だった。

公明党が、参院選で、安倍自民党を勝たせれば、今度はいつ安倍に切られるかを心配しなければならなかった。そうなれば、独自色の発揮どころではなくなる。

そうした事態に備え、民主党とのパイプも作っておいた方がいいのではないか——。公明党・創価学会の中では、そうした議論も密かに始まっていた。

自公選挙協力の悲惨な現実

二〇〇七年六月五日夜、一万人もの老若男女で埋まった東京・千駄ヶ谷駅前の東京体育館には大きな笑い声が響いていた。壇上では、タレントの柴田理恵や山田花子らによるトークショーが繰り広げられていた。午後八時過ぎ、会場から吐き出されてきた人々は、中年女性が多いものの、職業も年齢も様々で、通行人は一体何が行われていたのかと不思議に思ったことだろう。柴田や山田と共に壇上に立っていたのは、一カ月後の参院選で東京選挙区から立候補する山口那津男と、比例代表の立候補予定者で東京を重点地区にする遠山清彦という二人の公明党参院議員だった。

「TOKYOフォーラム2007」と名付けられたこの集会は、公明党と創価学会が参院選の公示日までちょうど一カ月になったこの日に合わせて開いたもので、参加する創価学会員は、会員以外の知り合いを必ず一人は連れてくるよう求められていた。学会が選挙の度に行う「F（フレンド）作戦」の一環だった。会場では、学会員の有名タレントを動員したアトラクションが用意され、参加者を楽しませた。同時に、山口那津男の娘が初めて父親宛に書いたという手紙を女優の岸本加世子が朗読して参加者の涙を誘うなど、二人の候補者を徹底的に売り込んだ。

集会では最後に公明党代表の太田昭宏が登壇し「私たちは未来に責任を持つ政治を打ち出している」と声を張り上げた。公明党・創価学会は、それまでも国政選挙の度にこうした集会を開いていたが、その回数が以前より増えていた。

公明党は、前年秋、八年ぶりに執行部が交代し、太田が代表に就任した。一方の創価学会も、その一カ月後、四半世紀ぶりに会長が代わり、原田が新会長に就任した。

二〇〇七年の参院選は、双方のトップにとって初めて臨む国政選挙。しかも、二人は共に次世代までの「つなぎ役」と見られており、結果次第では、池田大作から早期退陣を迫られることにもなりかねなかった。必死にならざるを得ない理由があったのだ。

公明党は、小泉政権下の二〇〇四年参院選の比例区で八百六十二万票と過去最高の票を獲得した。太田には、これを上回る得票と比例区八、選挙区五の計十三議席の確保が至上命題になっていた。だが、環境は非常に厳しいものがあった。

自公連立政権を組んで以降の衆参両院の比例区で、公明党が過去最高得票を更新し続けていたのは、必ずしも組織拡大の反映ではなかった。小渕内閣のもとで初めて連立を組んでからこの時点で既に八年。この間、両党の選挙協力は著しく深化していた。当初は自民党側が野党候補に勝つため、公明党に協力を頼むという構図だった。見返りは公明党の望む政策の実現でよかった。ところが公明党は、次第に与党の一員としての果実を徹底的に追求するようになる。国政選挙で一部の選挙区しか候補者を立てないため、「比例で公明票を出してくれれば選挙区では自民候補を支援する」とのバーターを積極的に持ちかけるようになった。それがここ数年は地方選挙にまで及んできていた。県議選などでも、公明候補がいなければ自民候補を推薦して票を出し、その見返りに、国政選挙での支援を求めたのだ。比例での過去最高得票はその成果なのだ。

とりわけ二〇〇七年は、十二年に一度の統一地方選と参院選が同じ年に行われる亥年だった。四月の統一地方選において、参院選では公明党を支援するとの約束と引き換えに学会の応援を受けた自民党の地方議員は、全国でどれだけいるかわからない。

とくに目立ったのが、埼玉や愛知など公明党が選挙区でも候補を擁立する地域で自民党の地方議員があげる悲鳴だった。自分の選挙で学会の支援を受けた地方議員たちが「参院選では比例区も選挙区も公明党の支援を」と迫られていたのだ。埼玉県のある市議は「県の学会幹部が自宅まで訪ねてきて選挙区の公明候補の支援を頼んできた。逡巡すると『四年後にはまた貴方の選挙がありますよね』と脅され、とても断れない。自民党候補の応援どころではない」と打ち明ける。

公明党がこの時の参院選で「取りこぼし」の危険性が最も高いとみていた愛知県の自民党はもっと悲惨だった。参院愛知選挙区は、定数三を実質的に自民一、公明一、民主二の計四人で争った。公明陣営は「当選ラインには十万票足りない」として、学会幹部を総動員し、自民党の県議や市議への働きかけを強めた。公明党は四月の県議選で四十四人もの自民党候補を推薦した。学会は、そうした県議らから後援会名簿を提出させて支持拡大に使ったという。同時に業界団体やトヨタ自動車など大手企業への攻勢も強め、自民支持層への浸食を公然と進めた。

こうした公明党のやり方に「このままでは自民党の支持基盤は崩壊する」と危機感を強めたのが自民党の現職・鈴木政二だった。首相官邸で官房副長官を務めていた鈴木だが、平日でも夕方、公務を早々に切り上げて新幹線に飛び乗る姿が頻繁に目撃された。地元の集会に顔を出しては最終列車で東京に戻る生活を余儀なくされていたのだ。だが、いくら選挙協力が進んでも、実際に公明票を獲得する最大の原動力は、現場で一軒一軒足を運ぶ学会婦人部の活動家だ。公明党にとって、その足を鈍らせるような事態は避けねばならなかった。

ところが、安倍は、年頭の記者会見で、参院選の争点に憲法改正を掲げることを宣言するなど参院選の年に入り、保守色を強く打ち出してきた。集団的自衛権に関する憲法解釈の見直しにも乗り出し、タカ派の論客を揃えた懇談会を五月に設置したのをはじめ、「平和の党」を掲げる公明支持者の気持ちを逆撫でするような言動が相次いでいた。

「参院選に勝てば、我々を無視してタカ派の安倍路線で突っ走るのではないか――」。創価学会ではこうした懸念の声が強まり、公明党に対し、安倍を国民生活重視の路線に転換させるよう求める声が噴出していた。それゆえ、太田は「国民は憲法改正よりも、生活に密着した景気、雇用、医療などで強い要望をもっている」と繰り返し声をあげてきた。これに対し、安倍は「憲法改正を選挙で掲げるのは当然だ」として譲らなかった。小泉政権時代、公明党は表のルートの他にも、参院議員・草川昭三と首相秘書官・飯島勲のホットラインなど政権中枢とのパイプを持っていた。ところが、安倍政権発足後は官邸とのパイプが途絶え、意思疎通を欠いていた。

その二人が、この三月から月に一回、首相官邸で昼食を取りながらサシで会談することが定例化された。双方と親しいある参院議員が二人の関係を心配して実現させたのだ。

国会が緊迫の度を増していた二〇〇六年五月三十一日昼、首相官邸で三回目となる定例の昼食会が開かれた。憲法改正の争点化を心配する太田は、前週末に内閣支持率が急落したことにあえて触れた上で、「やはり参院選の争点は生活に密着した課題の方がいい」と改めて釘を刺した。同時に年金記録問題について、「深刻に受けとめ、とにかく早く動き出すことだ」と進言した。

太田の話にいつになく真剣に耳を傾けた安倍は「憲法は中身の争点化ではなく、憲法というものを一緒に考えましょうと訴えたい」と答え、太田に配慮を示した。年金記録問題でも「積極的に救済策を実行したい」と歩調を揃えた。会談時間も過去最長の一時間十五分に及んだ。こうした安倍の態度豹変の背景に支持率の急落があったことは言うまでもない。

実は、太田はこの会談の三日前、首相官邸に自ら電話を入れていた。前日の日曜夜になって、毎日新聞と日経新聞の世論調査で内閣支持率が共に一〇％以上も急落したことが判明。その日の朝のフジテレビの報道番組で紹介された支持率は四七％となお高かったのにと不思議に思った太田が調べたところ、この調査は木曜日に行われていることを知り、黙っていられなかったのだ。

「フジの調査が行われた木曜から、毎日などが調査した土日までの間に何があったかといえば、年金記録問題の報道だけだ。支持率急落の原因は一〇〇％年金だ」。太田はこうした見立てを秘書官を通じて安倍に伝えた。選挙では年金など生活密着型の課題を掲げるべきだとの持論が、世論調査によって証明されたと言いたかったのだ。

太田は、昼食会の後、記者団に「総理が選挙で一番訴えたいことは、安心・安全な社会を築くことだということが理解できた」と安堵の表情を浮かべた。公明党幹部は「支持率が下がってくれば、参院選は公明党がいないと戦えないと実感する。総理も公明党の主張に耳を傾けるようになり、戦いやすい」と漏らした。この時の公明党は、まだ、自公両党合わせても過半数を大きく割り込むほどの惨敗を喫すとは夢にも考えていなかった。

密かに路線転換を決めた創価学会

二〇〇七年七月の参院選で自民党は歴史的惨敗、公明党も手痛い敗北を喫した。参院戦後に召集された臨時国会で、参院では議長と議運委員長をともに民主党が握った。自民党結党以来、参院議長が野党から選出されたのは初めてで、その持つ意味は極めて大きい。衆院では与党が圧倒的多数を握っているといっても、予算案以外の法案は参院で否決されれば成立しない。衆院に戻し、三分の二以上で再議決すれば成立するが、参院で審議を引き延ばされれば、それもままならない。

さらに大きいのが、首相や閣僚の問責決議や証人喚問が野党の意向で実現することだ。中でも最大の武器は証人喚問だろう。これまでは疑惑を持たれた政治家などの喚問を野党が要求しても、与党側が応じなければ実現しなかった。

しかし、今後参院では野党側の意向でいつでも証人喚問が実現する。そこで選挙期間中から小沢周辺で検討されてきたのが、創価学会名誉会長・池田大作の証人喚問だ。なぜ池田なのか、ここで永田町の歴史を少し遡る。

一九九八年、当時の橋本龍太郎が参院選敗北の責任を取って退陣した。後を継いだ小渕恵三にとって最大の懸案は、自民党が過半数を割った参院対策だった。過半数を回復させるため、小渕はまず、小沢率いる自由党と、その後、公明党とも連立することで過半数を取り戻した。

それより以前の細川政権から村山政権にかけて、自民党は、小沢一郎らと組んで非自民の連立政権を樹立した公明党とその背後の創価学会を徹底的に攻撃した。学会攻撃の中心となったのは亀井静香と野中広務だった。「自社さ」の村山政権は、「反小沢」政権であると同時に「反学会」政権だった。

その後、橋本政権下でも、自民党は野党・新進党を支えていた創価学会への攻撃を続けたが、その武器は、宗教法人法改正と池田の証人喚問だった。現在の創価学会は、良くも悪くも事実上「池田教」であって、公明党議員はその池田を守ることが使命だ。そこに着目した野中らは、「政教一致」問題などを理由に池田を攻撃。橋本政権下の九六年には創価学会会長の秋谷栄之助を国会に参考人で呼び、「次は池田だ」と圧力をかけた。

結果的にはこれが決め手となる形で、学会は次第に小沢と距離を置き始める。その「公明党の小沢離れ」がきっかけになって翌九七年には、新進党は解党を余儀なくされた。そして、ついに小渕政権下で、公明党は自民党と連立を組むに至る。

野中らに脅された創価学会がどういう反応を示したのか、それを間近に見ていたのが小沢だ。それだけに自民党と雌雄を決する次の衆院選に向け、今度は逆に小沢が、公明党を自民党から引き離すために池田喚問もちらつかせて揺さぶってくることが当然、予想された。自民党議員の多くが、もはや学会の協力なしではまともに選挙を戦えない体質になっている。自民党と公明党に少し距離を作るだけでも、次の衆院選は民主党に俄然有利になる。

しかも、公明・学会を自民党から引き離す環境は整っている。もはや自民党は公明党と組んでも参院の過半数に達せず、自民党にとって公明党の存在価値は低下していた。さらに安倍のタカ派体質は本来、公明・学会の考えと対極にあり、一方で「生活者重視」の小沢路線は公明党の主張と重なる。政策面から見れば、民主党の方がはるかに公明党に近い。だからこそ、小沢一郎は、公明支持者が喜ぶ政策の実現をあえて掲げるなど、アメとムチを駆使して自民党から公明党を引き離しにかかるのは確実だと思われていた。

参院選から二カ月後、安倍が退陣し、福田康夫が首相の座に就くと、小沢一郎は全く別の方法で公明党を揺さぶってきた。自民・民主の大連立構想だ。小沢は、大連立に向けた両党の事前折衝で、大連立政権が実現した暁には公明党を連立から外すよう要求した。

一方で、与野党逆転の参院では、十月十六日、民主党副代表の石井一が、公明党から池田大作個人への上納金疑惑を取り上げ、「池田大作氏を参考人として招致したい」と声を張り上げた。石井の個人プレーだったが、公明党には衝撃が走った。委員会の終了後、太田や北側ら幹部は緊急会議を開いて対応を協議した。

こうした事態を予想して公明党と創価学会は、実は参院選直後に新たな対処方針を決めていた。それは微妙な方針の変更であるために表面化しなかったが、自民党と連立を組んでから初めての方向転換だった。

創価学会が毎年夏に軽井沢で行う全国規模の研修会。参院選敗北を受けて開かれた二〇〇七年八月中旬の研修会で、その方針変更は決まった。

実のところ、創価学会は、自公連立に踏み切った後も前々回の衆院選までは、個々の選挙区事情に応じてかなりの選挙区で民主候補を応援していた。大阪の中野寛成や東京の城島光力などがその代表格だった。彼らは見返りに労組票などを比例で公明党に回していた。

しかし、郵政解散に伴う衆院選ではそれがほぼ消えた。学会が小泉の求めに応じて彼らを切り、公明候補がいない選挙区のほぼすべてで自民党を応援したからだ。その結果、中野も城島も落選。民主党からは学会シンパの議員が消えた。民主党とは完全に縁が切れたはずだった。

ところが参院選惨敗を機に、前々回の選挙まで学会と良好な関係にあった民主党の議員や元議員に対し、それぞれ地元の学会幹部らが再び接触を始めていた。先の参院選の結果を見れば、次の衆院選で民主党政権ができる可能性は排除できない。そのため、公明党も創価学会も、幹部がそれぞれ個人的なつながりを活かし、密かに民主党側とのパイプの復活に取り組み始めていたのだ。

公明党は、小選挙区から撤退しない以上、次期衆院選でも、基本的には自民党との選挙協力を維持する必要があった。自民党の支援なしには公明党の小選挙区候補者の当選はおぼつかないからだ。だが、一方で、民主党とのパイプ作りも水面下で進め、一部では選挙協力も行う――。それが新たな創価学会の方針だった。

ジレンマに悩む公明党

福田内閣の支持率が「危険水域」と言われる三〇%を割り、二〇%を切る調査も現れた二〇〇八年四月。本人が「得意」とする外交でも、国会日程が邪魔をして大型連休中のヨーロッパ訪問を断念する事態に追い込まれ、さすがの福田も元気がないとの情報が永田町に流れた。

これを心配したのが、福田政権の後ろ盾である元首相・森喜朗と前参院議員会長の青木幹雄だ。二人は衆院補選で自民党が敗北した四月二十七日夜、密かに首相公邸を訪ねた。

「国会があるから重要な外国訪問もできないなんて、やってられませんよ」。この時、福田は民主党の国会対応に強い不満を述べた上で、総辞職したい考えを漏らした。

驚いた青木と森は慰留に努める。

「今回は一補選に過ぎない。衆院では与党が三分の二を占めているのだから怖いものはないわね。自棄を起こさなければ大丈夫だ」「こっちが我慢していれば、そのうち民主党の方が割れるわね」。青木は総辞職はもちろん、当面は解散もしないよう求めた。最終的には福田も「心配しないでほしい」と応じた。解散を翌年に先送りすれば、民主党はバラバラになる可能性があり、今我慢しておけば、いずれ道は開ける——。これがこの時の三人の結論だった。

こうした政府・与党の状況に焦りの色を深めていたのが創価学会だった。解散が翌年に先送りされると困るからだ。

二〇〇九年七月には東京都議選がある。学会にとって都議会は一九五五年に最初に政治進出を果たした「聖地」。創価学会では都議は国会議員と同列に扱われ、その選挙には毎回、全国の学会員を総動員している。都議選と国政選挙が重なれば、都議選に他県からの動員ができず、敗北の可能性が高まるとして嫌ってきた。選挙期間が直接、重ならなくても、都議選前後の半年間は国政選挙を避けてほしいというのが本音だ。仮に〇九年春に衆院選が行われれば、すぐ都議選だ。そこで再び会員の尻を叩いても運動量が落ち込むことは確実だと懸念していた。ある幹部は「解散が年を越せばその時点で、二つの選挙とも公明党の敗北が決まる」と顔を曇らせた。

そもそも、今度の衆院選は学会にとってかつてなく厳しい環境下で行われる。二〇〇七年の参院選比例区の公明党票は、前々回比で八十六万票の減少。過去最高得票の〇五年衆院選比例区との比較では百二十二万票も減らしたのだ。選挙区でも愛知・埼玉・神奈川の三選挙区で現職が落選する惨敗となった。学会では、この選挙結果について詳細な分析を行っていた。その結果、F（フレンド）票と呼ばれる学会員以外の支持者の票が大きく減ったことが直接の敗因ではあるものの、地方を中心にかなりの学会員自身が公明党に投票していなかったという驚愕の事実が明らかになったのだ。本来は外に支持を広げるべき学会員が公明党に投票していなかった――。この分析は党・学会の幹部に衝撃を与えた。

その原因はいくつもある。一つは公明党が自民党との連立政権に入って十一年。庶民の目線に立って暮らしを守るという「平和・福祉の党」である公明党が、党是に反する政策を推進せざるを得なくなっていたことだ。補選の最大の敗因とされた後期高齢者医療制度を推進したのは、小泉内閣で厚労相を務めた公明党の坂口力だった。次の公明党出身の閣僚は、国交相の冬柴鐵三だが、国交省の利益を代弁するかのような国会答弁を繰り返し、世間の矢面に立った。学会では、次期衆院選を意識してこの年の春から、各種の集会で政治問題を積極的に取り上げ、公明党への理解を深めるよう指示を出したのだが、その途端に道路特定財源の問題が焦点となり、一般会員から冬柴や公明党への非難の声が噴出した。釈明に追われる地方幹部は「公明党は自民党以上に守旧派と見られており、選挙どころではない」と苛立った。

学会内部の軋みも指摘されていた。その前年、二十五年にわたって会長を務めてきた秋谷栄之助が退任。後任に原田稔が就任したが、この時から選挙への影響が懸念されていた。自民党との選挙協力など選挙実務は長年、秋谷が一手に担ってきたからだ。会長交代は、八十歳を超えた池田がその支配体制を磐石にすると同時に、より若い世代に学会運営を移行させるために行ったことだが、世代交代が古参会員の不満を招き、選挙での戦闘力を鈍らせているとの指摘はあながち的外れではなかった。

新たな執行部は総選挙を睨んで組織固めを急ぐが、これまで通りの力を発揮できるのか不安は大きかった。小泉政権の間は、その人気に寄りかかっていればよかったが、この時は不人気の福田。公明党が独自色を発揮できないでいる上、組織内部に問題も抱えていた。翌年・二〇〇九年は都議選と衆院の任期満了が重なるだけに、都議選のことを考えると、この年の秋には衆院解散を断行してもらいたいと考えていたのだが、福田の下で解散しても与党の惨敗は必至で野党に転落しかねない。早く新たな首相を選出して人気のあるうちに解散してほしいというのが本音だったが、表立って他党の党首人事に口を出すことはできない——。この頃、公明党・創価学会はこうしたジレンマを抱えていた。

ついに福田降ろしに動く

二〇〇八年八月一日、福田康夫がようやく内閣改造に踏み切った。それも早期退陣論を振り払うかのように十三人の閣僚を交代させる大幅改造だった。ただ、目玉は麻生太郎の幹事長起用だけ。「福田降ろし」の動きを当面、封じるために派閥領袖級を閣僚・党四役に網羅した「自民党お家の事情内閣」(社民党党首・福島瑞穂)で、内閣支持率もわずかに上昇しただけだった。焦点は、福田が年内にも退陣するかどうかに移っていたが、そのカギを握っていたのが公明党・創価学会だった。

「私が(衆院を)解散することはない。これはお約束する」。午後に内閣改造を控えた八月一日午前十一時。福田は、官邸の執務室ではなく、あえて秘書官らがいない首相公邸に麻生太郎を招いて二人だけで四十分余り話し込んだ。会談の直後、麻生から直接、報告を受けた親しい政界関係者は、福田が自らの手で解散・総選挙を行うことはないと明確に約束したとの説明を受けている。「福田は早期に退陣し、麻生が後継首相として解散を断行する」との禅譲密約は、事実上あったのだ。福田は、前年九月の内閣発足時にも当初、幹事長に麻生を起用しようと考えた。総裁選が終わったその晩、元首相・森喜朗に対し「麻生さんを幹事長に留任させようと思うのだが」と真っ先に相談している。だが、その時は森が「それでは、あなたを総裁選で推した古賀(誠)や山崎(拓)が反発して収拾がつかない」と反対し、断念した。それでもなお麻生取り込みに固執した福田は、本人に繰り返し入閣を要請したものの断られた。

だが、今回は違った。サミットが終わっても内閣支持率は低迷。公明党も福田に距離を置き始めていた。党内の福田降ろしの芽を摘み、人気のある麻生を取り込んで世論の支持も回復させせないと、この秋の臨時国会さえ乗り切れないかもしれない。それに政権発足時と比べれば麻生に対する党内の反発も弱まっていた。例えば麻生と古賀との関係だ。約十年前から険悪な関係の二人だが、この五月、周辺の勧めで麻生は古賀を銀座の「吉兆」に誘い、「手打ち」を行った。その後も何度か食事を共にするなど関係はかなり修復されていた。それゆえ今回は森も、福田から麻生取り込みを依頼されると七月中旬、麻生と会談。福田から重要ポストの打診があれば受けるよう求めた。だが、麻生は難色を示し、福田と森は、一度は伊吹文明を幹事長に留任させる方向で動く。

ここで不測の事態が起きる。連立を組む公明党とその背後の創価学会が、伊吹の留任に反対する意向を伝えてきたのだ。伊吹は、公明党が嫌がる単純小選挙区制の導入を提唱するなど公明党と折り合いが悪く、カウンターパートの公明党幹事長・北側一雄は、伊吹とは決して目を合わさないほど関係は悪化していた。このため、一時は財務相・額賀福志郎の幹事長起用も検討されたが、結局、福田は再度、麻生の説得を森に頼む。

森は、改造前日の七月三十一日朝、麻生の自宅に電話を入れた。麻生はこの時、夫婦水入らずで山形県に温泉旅行に出かけていて不在だったが、お手伝いさんからの連絡を受けて森に電話を入れる。そこで森がまず、「麻生首相」の手形を切った。

「福田さんでこのまま選挙をして負けたら政権交代ですよ。『麻生首相』は幻になってしまうんだ」「福田さんは自分の手で選挙をしようとは考えていない。解散すればどうなるか、彼自身が一番わかっているよ」

森は、臨時国会終了後のこの年の年末か、新年度予算案成立後の翌二〇〇九年四月には福田が退陣。その後は「麻生首相」で衆院選を行うことになるとの見通しを示し、幹事長への就任を求めたのだ。だがそれでも麻生は、引き受けるか否か、明言を避けた。そこで森は、麻生の後見役である衆院議長・河野洋平にも説得を依頼。河野は麻生が必ず出るという電話番号を福田サイドに伝え、直接話すよう求めた。福田がその番号に電話を入れたのは、夜八時過ぎだった。「力を貸してほしい」。懇願する福田に対し、麻生は「こんな話は電話ですべきではないでしょう」と応じ、翌日の会談がセットされた。

福田からの電話を切った時点で、麻生にはまだ迷いが残っていた。引き受けるとすれば、古賀が務める選対委員長ポストを廃止し、選挙を仕切る権限を幹事長に戻すことが条件だと森らに伝えていたものの、それが受け入れられる見通しがなかったことも迷う原因の一つだった。

その麻生が最終的に決断したのは、ある人物から背中を押されたからだった。その日の深夜、麻生が電話をかけた相手。それは、河口湖の別荘にいた前首相の安倍晋三だった。

「どうすべきですかねえ」

「前も言いましたが、幹事長なら受けるべきですよ。次（の首相）を狙うためには幹事長になっておいた方が絶対にいい」

麻生にとって安倍は、同じ保守派の盟友。その安倍の勧めで麻生は覚悟を決めた。今回、福田や森の求めに応じることは最大派閥・町村派に恩を売ることにもなる。今後は幹事長として広く影響力を行使し、次期総裁の座を確実にすればいい。

麻生と並んでこの政局で主役を演じたのが公明党・創価学会だった。これまで公明党は、自民党が行う人事について表立って注文を付けるようなことは避けてきた。公明・学会に対する自民党支持層の潜在的な反発を意識し、出過ぎた言動は慎むべきだと自制してきた。ところがこの時はそんな遠慮はかなぐり捨て、自民党の幹事長人事にまで介入した。希望通り、麻生が幹事長に決まったことを国会内で聞いた公明党代表の太田昭宏は、記者団の前でお笑いタレントの真似をして両手の親指を突き出し、「グー、グー、グー、グー」と巨体をうねらせ、二回転して見せた。

こうした公明党の変化の背景にあったのが、党が存亡の危機に立っているとの焦燥感だ。公明党にとって、当面の最大の問題は衆院選の時期だ。翌年七月には東京都議選が控えていたが、その都議選の際には全国の学会員を総動員して戦うため、公明党は、衆院選を都議選から半年以上離して行うよう繰り返し要望してきた。そのタイムリミットである年末・年始が近付いていた。

七月初め、創価学会は、年末の衆院選を想定し、お盆明けから臨戦態勢を整えるかどうか、判断のタイムリミットを迎えた。焦る学会側は、理事長の正木正明らが党側に対し、展望の立たない今の状況を打開するよう厳しく求めた。

これを受けてまず狼煙を上げたのが、公明党前代表の神崎武法だった。七月二日、講演で「支持率が上がり福田政権の手で解散になるのか、支持率が低迷して福田さんが代わり、次の首相で解散となるのか判らない」と発言。公明党がついに福田を見限ったのかと自民党に衝撃が走った。さらには党国際局長の遠山清彦ら中堅議員が「自公連立には拘らない」と次々と発言し、自民党に圧力をかけた。

学会は自民党にも直接攻勢をかけた。政治担当の副会長・八尋頼雄らが、古賀誠や二階俊博、それに青木幹雄ら旧知の自民党幹部に次々と会って、早期の解散・総選挙とインド洋での給油活動を継続させるための新テロ特措法案の臨時国会での成立を断念するよう求めた。七月四日には、八尋が東京・四谷の料理屋で元首相・小泉純一郎と会談し、早期解散に持ち込む方策を探った。さらに学会側は、大幅改造は福田内閣での解散につながるとして反対する考えも伝えた。

慌てた福田は、何とか公明党をつなぎ止めようと森と相談の上で策を繰り出す。それは公明党に閣僚ポストを二つ渡すことだった。公明党が自民党と連立を組んで九年。閣僚ポストは常に一つで、二閣僚となれば初めての事態だ。同時に福田は、一人は女性閣僚を出してほしいと打診した。しかし、太田はこの福田の申し出を断る。ただでさえ人材不足なのに閣僚を二人も出す余裕はないというのが表向きの理由だった。女性閣僚をとの要請については、元宝塚女優の参院議員・松あきらを出すことを検討したが、直前に政調会長だった斉藤鉄夫に差し替えとなった。一見、重量級に格上げしたようにも見えるが、それは違う。学会内では、斉藤よりも松の方がはるかに有名で、部内的には松の方が福田内閣重視の姿勢を示すことになる。

最終的には、幹事長に希望通り麻生が就任したこともあって大幅改造を容認したが、公明・学会の福田に対する半身の姿勢は変わっていなかった。一刻も早く首相交代を実現させ、国民的人気のある「麻生首相」の下で遅くとも来年初めまでには解散・総選挙に持ち込みたいと考えていたのだ。そして、その計画は途中まではうまく進む。内閣改造からわずか一カ月、福田が突如、記者会見して退陣を表明したからだ。福田内閣で改造が終わった直後、学会幹部は「太田もグーグーグーなんて喜んでいる場合じゃない。早期解散に持ち込む本当の戦いはこれからなんだ」と漏らしていたが、福田に最終的に退陣を決意させたのは公明党・創価学会だった。

福田が、新テロ特措法改正案の衆院再可決を視野に臨時国会の早期召集を言い出すと、年内解散を視野に入れる公明党は、再可決に対する国民の反発を懸念して強硬に反対した。民主党が元公明党委員長の矢野絢也の国会招致に向けた動きをみせていたことから、それを阻止するために会期幅も無理やり短くさせた。前後して政府が決定した総合経済対策には、公明党が強く求めた所得税などの定額減税（後の定額給付金）の方針が盛り込まれたが、財政健全化路線の維持を掲げていた福田が公明党に押し切られる形になった。「公明党はやり過ぎだ」。福田が厳しい顔つきでこう呟く姿を当時、官房長官だった町村信孝が目撃している。

さらにこの時期、公明党幹部が「自民党総裁として矢野絢也の国会招致は絶対にやらせないと約束してほしい」と福田に迫ったとの複数の証言がある。だが福田は、「国会のことだから約束はできない。公明党は少し心配のしすぎじゃないか」と返答。それが公明党・創価学会を怒らせ、福田離れを決定的にしたという。

総選挙前には辞めるという決断はしていたにせよ、ねじれ国会の中で与党の公明党からも見放されたことで、福田はこれ以上首相を続けても成果は上げられないと判断した。事実上、公明党が福田に早期辞任を促したことは間違いない。

池田大作「驚愕の指示」

その福田退陣表明の数日前のことだった。民主党代表の小沢一郎は、密かに京都を訪れ、旧知である創価学会の総関西長で副理事長の西口良三と密会している。この席で小沢は、学会が自民党と距離を置き、次期衆院選で自民・民主両党と等距離を保つのであれば、公明党が候補者を立てる小選挙区で民主党が協力してもよいとの思い切った提案を行った。その背景には、元公明党委員長・矢野絢也が、学会幹部の妨害で評論活動を中止せざるを得なくなったとして学会相手に起こした訴訟があった。民主党の菅直人や国民新党の亀井静香らはこの年の六月、矢野を「勉強会」に招いたが、次は参院で参考人として招致する構えを見せていた。小沢は「民主に協力姿勢を示せば、学会の嫌がる矢野問題も取り上げないよ」と揺さぶりをかけたのだ。

先述したように、この時期、創価学会は首相を福田から麻生に交代させた上での早期解散を狙っていた。学会理事長の正木は、小沢・西口会談の直前、北側と一緒に麻生と会談し、早期解散に向けた戦略を協議していた。このため、学会は小沢の申し出を即座に断る。これを受けて小沢は、太田が出馬する東京十二区からの立候補を仄めかすなど両者の関係はより悪化する。

小沢の申し出を断った創価学会だが、前年夏の参院選惨敗後に決めた「民主党ともパイプを作る」との方針を捨てたわけではなかった。実際、水面下ではかつて学会と良好な関係にあった民主党議員らに地元の学会幹部らが接触を始めていたし、公明党のベテランや中堅議員も密かに民主党議員との会合を重ねていた。名誉会長の池田大作が避暑のため軽井沢に滞在する機会を利用して、全国の幹部が軽井沢の学会施設に集まる恒例の「研修会」。二〇〇八年も七月の最終週に開かれたのだが、そこでの池田の挨拶は衝撃的だった。

「どんな政治状況になろうとも我々は勝たなければならない。そのためには今の政治の枠組みが絶対だと考える必要はない」「選択肢を狭める必要はない。関係は幅広く作っておくことだ。どうしたら（公明党が）勝つことができるのかだけを考えろ」

つまり池田は「学会を守るためには自民党との連立に拘るな」「民主党政権に備えろ」と指示したのだ。この年は、研修会と同時期に福田康夫が内閣改造に向けた最終調整を行っていたため、党幹部たちの姿はなかった。だが、一部の議員たちは早速この池田発言に沿ってメッセージを出し始めた。例えば、将来を嘱望されて衆院選に鞍替えする予定の前参院議員・遠山清彦だ。新聞のインタビューで「『自公』ありきではなく、どの枠組みが国民のためになるかとの視点で臨むべきだ。政策実現のためには『民公』の選択肢も排除しない」と発言している。

連立政権のパートナーである公明党も転換期を迎える

今度の衆院選は学会にとって、かつてない厳しい環境の下で行われる。前回の参院選比例区で公明党は、前々回比で八十六万票も減らした。その上、彼らにとって重要な都議選が迫っていた。それだけに公明・学会は余裕を失い、福田改造内閣発足にあたっては自民党の幹事長人事にまで介入し、政策面では定額減税をごり押しするなど独自の主張を強めた。だが、こうした公明党の「増長」に自民党内では反発も強まっていた。ねじれ国会解消のため、民主党との大連立に再チャレンジし、上手くいけば公明を切り捨てればよいとの意見はその後もくすぶっている。自公選挙協力の見直しに言及した古賀誠の発言には多くの自民党議員が拍手喝采した。

十一年目を迎えた自公連立政権は次期衆院選を前に最大の転機を迎えている。

第四章

「自信過剰」で解散を逸した麻生

「解散権」をめぐる自民党内の争い

二〇〇八年九月二十四日、麻生内閣が正式に発足した。だが、その前から、新聞各紙には「十一月九日投票へ」（日経）「十月二十六日投開票へ」（読売）「十一月二日投票強まる」（共同通信）と衆院選日程が次々と踊った。総裁選が始まる前から新首相就任がほぼ確実だった麻生。だが麻生自身は、誰にも選挙日程を伝えていなかった中での報道だった。

「解散権が朝日新聞にあるかのような話でおかしいでしょう」。総裁選が三日後に迫った九月十九日、麻生は日本外国特派員協会で行われた総裁候補の共同会見で皮肉を放った。前日、朝日新聞が「十月二十六日投開票固まる」と報じたことを槍玉にあげたのだ。朝日は「報道先行で早期解散の流れができることを牽制したものだ」と紙面で釈明したが、実は麻生の怒りの矛先は別にあった。それは党選対委員長の古賀誠だった。この時期、早期解散論を煽っていた中心人物は古賀だったのだ。

その日の夜、麻生は元首相・森喜朗との電話で怒りをぶちまけた。「選挙日程を勝手に喋っているのは古賀ですよ」「古賀が創価学会の総関西長と会って十月二十六日投票で了解を取ったというから学会に聞いてみると、『そんな日程、了解などしていない』ということだった」

麻生は「解散権」という首相に与えられる最高の権限を、古賀が事前に自分から奪おうとしていると警戒していた。かねてから翌年一月の通常国会冒頭解散を唱えてきた森が「ここはじっくり麻生らしさを国民に示した上で解散した方がよい」とアドバイスすると麻生は「そうかもしれませんね。いずれにしろまだ何も決めていませんから」と応じた。

正式に首相に就任すると、麻生は早期解散に慎重な姿勢を強めた。国交相・中山成彬の失言による辞任や世界的な株価急落、それに自民党が麻生政権発足に合わせて行った小選挙区調査の結果が芳しくなかったことも、その姿勢を後押しする形となった。

内閣発足からわずか五日で中山が閣僚を辞任した九月二十八日夕刻。後任人事も決着した後の首相執務室で、官房長官の河村建夫は「総理、中山問題は天の配剤と考え、ここはじっくり麻生カラーを出していきましょうよ」と麻生に声をかけた。麻生はニヤリとしながら「お前は俺の気持ちがわかっているなあ」と言葉を返した。

首相就任前から解散権をめぐって起きた自民党内の暗闘は、麻生政権の人事にも影響した。

「え、幹事長を誰にしたいって?」。九月十八日午後、南太平洋の島国・ミクロネシアの日本大使館の開所式に出席して帰国した森は、元首相・安倍晋三の話を聞いて一瞬、耳を疑った。余りにも突飛な話だったからだ。

「麻生さんは、衆院選を乗り切るため、全国の選挙区事情を熟知している森さんに幹事長をやってほしいと言っているんですよ」

安倍から改めて説明を受けた森は、「そんなことをしたら、福田辞任から五人による総裁選まで、すべて俺が権力を握るために仕組んだ茶番劇だと言われるじゃないか。麻生も俺も批判されるよ」と漏らし、「幹事長は町村（官房長官）じゃダメなのかと麻生に言ってくれ」と伝言した。だが、森は、突飛なことを言い出した麻生の真意を知りたいと考え、翌十九日夜、自ら麻生に電話を入れた。それが先に紹介した森と麻生の電話会談だった。

そこで麻生は粘った。

「失礼は承知していますが、選挙が終われば党役員は入れ替えますので、選挙まで幹事長をお願いしたい。その後は衆院議長に就任していただきたい」「選挙前に選対委員長の古賀は変えられないが、その古賀を含め、党全体をまとめられるのは森さんしかいないんですよ」

食い下がる麻生に森は「そこまで言うなら考える」といったんは引き取った。

結局、森は翌二十日、電話で最終的に断るのだが、森に幹事長就任を依頼した麻生の狙いは二つあった。その一つは最大派閥の実質的オーナーである森を運命共同体にすることだった。前回の「郵政解散」で史上空前の大勝利を収めた自民党は、今度の選挙で仮に与党過半数を維持したとしても、大幅な議席減は避けられない。それでも麻生が政権の座に留まるためには、最大派閥から麻生降ろしの声が上がらないよう、手を打っておくことが不可欠だった。もう一つの狙いが古賀対策だった。自分が信用できない古賀を抑えることができるのは、森しかいないと考えたのだ。古賀と麻生は二〇〇八年五月、「手打ち」の会食をして以来、良好な関係を装ってはいた。しかし、もともと同じ派閥（宮沢派）、同じ県連（福岡県連）で長年、角を突き合わせてきた二人の間の不信感は、なお根強いものがあった。

それにしても党内の誰もが首を傾げる「森幹事長」構想。ある意味で、古い自民党を象徴する森を幹事長に据えれば、世論の反応が芳しくないことは誰でも予想できる。だが、麻生はそんなことは気にしない。それは自分の人気に強烈な自信を持っているからだ。福田政権発足時に比べて約十ポイントも低い内閣支持率を突きつけられてもそれは揺るがない。落胆するどころか「経済対策などで麻生イズムが国民に浸透していけば支持率は必ず上がる」と周囲に漏らした。この過剰な自信が、解散時期の遅れにもつながったのだ。

四度目の挑戦で宰相の座に就いた麻生を最初の総裁選の時から支え、麻生が最も強い信頼を寄せるのが国対委員長に留任した大島理森だ。政権発足にあたり、麻生は大島に官房長官就任を打診した。結局、二人の話し合いの結果、当面は大島が国対委員長に留任することが不可欠との結論に至ったが、衆院選を乗り切ったら官房長官に起用するとの約束も交わしている。にもかかわらず、それほど信頼する大島の言うことさえ、麻生は聞かなかった。

当初、大島が考えた解散に向けたシナリオは、補正予算案の衆院予算委での審議については、民主党の主張を受け入れて二日でも三日でも行う。その代わり参院でも二日か三日で採決することを約束するよう民主党に求め、協議が決裂した場合は予算案を参院に送らずに解散に踏み切るというものだった。採決日程の担保を取らずに野党が多数を占める参院に予算案を送れば、いつまでも審議を引き延ばされかねない。それならば衆院段階で党首会談を呼びかけるなど丁寧に対応し、民主党が参議院での早期採決を約束すればそれでよし。もし約束を拒めば、民主党を悪者にして解散に持ち込めると判断したのだ。選挙前の補正の成立を求める麻生と「予算委員会を開かず早期解散」を求める公明党。その間に挟まれた大島が捻り出したぎりぎりの案だった。

ところが、九月の最終週に入り、大島が麻生にこのシナリオへの了解を求めると麻生はあっさり却下する。「補正予算の成立は絶対だ。必ず参院に送れ」と指示を出したのだ。これで大島が描いていた十月十日解散・十一月二日投開票という衆院選日程は消えた。

麻生には、盟友のアドバイスも耳に届かない。十月に入っても日程が決まらないことを心配した元首相・安倍晋三が麻生に電話を入れ、「選挙を先に延ばしても野党に攻撃材料を与えるだけですよ」と諭したものの、「時間をかけて麻生イズムを浸透させれば支持率は上がる」と取り合わない。めでたく「解散権」を取り戻した麻生は気分が高揚し、暴走を始めたのだ。

この状況に焦りを深めたのが公明党だ。選挙の実戦部隊を担う創価学会は、すでに九月三十日の本部幹部会で、十一月二日投票の日程で走るよう最終指令を出していた。公明・学会の幹部は「遅くとも十一月中にはやってもらわないと組織が持たない」と政府・自民党に波状攻撃をかけたが埒が明かない。ついには学会幹部も「このまま来年に持ち越しか――」と弱気の声を漏らし始めた。

こうした麻生を冷ややかに見ていたのが、九月二十六日、今期限りでの引退を表明した元首相の小泉純一郎だ。小泉の突然の引退表明については、「総裁選で自らが推した小池百合子が大敗し、存在感が希薄になったからだ」とか、「小泉政権で重用した麻生が、今になって小泉改革路線を明確に否定したことに嫌気がさしたのだ」等々、もっともらしい解説がマスコミを賑わせた。

だが、小泉は首相を退任した時から、今期限りで議員バッジを外すことを決めていた。首相在任中、比例代表名簿の終身一位を保証されていた元首相・中曽根康弘に「政治活動は議員でなくてもできるではないか」と強引に引退を迫り、激怒させた経緯もある。そのため、自らが議員の身分に留まるわけにはいかないとの思いもあった。

しかし、引退の理由はそんな綺麗ごとだけではなかった。小泉は祖父、父とも衆院議員の三代目。小泉事務所のスタッフは姉、弟、妹の夫など、首相の首席秘書官を務めた飯島勲を除くとほとんどが一族郎党で占められている。姉の信子を頂点に、いわば一族が政治家業で生計を立てているのだ。それゆえ、純一郎の引退後はその息子に地盤を引き継ぐことが至上命題だった。それには小泉の威光が衰えないうちに、それも選挙の直前に間髪入れずに地盤を譲らなければ、衆院選出馬を希望する地方議員らとの間で混乱が生じかねない。

十月二日夜、親しい永田町関係者と会食した小泉は冷たく言い放った。「選挙になれば俺も全国を応援して回るが、麻生さんは解散時期を逃したな。自民党は負けるよ」『一度、民主党にやらせてみたら』という国民世論に対抗するためには小池（百合子）さんを総裁にするしかなかったんだ」。議員引退後も政治活動は続けるという小泉。その小泉は、衆院選後は民主党政権だと見ている。

自信過剰で「裸の王様」となった麻生が、その小泉の見立てを打ち砕くことができるのか。結果は遠からず出る。

「解散先送り」に抵抗した太田と北側

「十一月下旬を投票日とする方向で考えますから」

十月三日夜、公明党が求めていた十月初旬の解散を見送ることを決めた麻生は、東京・内幸町の帝国ホテルの会員制バー・ゴールデンライオンに公明党代表の太田昭宏と幹事長の北側一雄を密かに招いた。今は解散を見送るが、補正予算を成立させた後、十月末に解散、十一月三十日を投票日とする考えを初めて公明党に伝えたのだ。十一月二日投票の日程で動き出していた公明党も、一カ月程度の延期ならば容認できると了承。麻生はこの時、この日程を確約したつもりはなかったが、太田らは事実上の約束と受け止め、後にこれが火種となる。

麻生が公明党との「約束」を反故にする決断をしたのはいつなのか。十月十六日夜、財務・金融相（当時）の中川昭一、行革相の甘利明、党選対副委員長の菅義偉の三者と会談したことが一つのきっかけになったことは間違いない。

「今月末に経済対策の追加メニューを示したら解散してもいいんじゃねえかと思うんだ」

こう切り出した麻生に対し、首相の「お友達」である三人は強く反論した。

実はアメリカやフランスから「今は金融対策に全力を挙げてほしい」との強いメッセージが届いていたこともあり、麻生はこの会談の前から、予定通り選挙を断行すべきかどうか迷い始めていた。それだけに三人の反対で麻生の気持ちは大きく揺れた。前後して経済界、とりわけ新たに経済財政諮問会議の民間議員に就任したトヨタ自動車会長の張富士夫から反対の意向が伝えられたことも大きかった。

むろん世論調査の結果も大きな影響を与えた。党の選対がすべての衆院小選挙区を対象に行った世論調査は九月二十七、二十八日の一回だけだったが、その結果は、公明党を合わせた与党として過半数を確保できるかどうかぎりぎりの数字で、極端に悪かったわけではない。その後は数十の激戦区に絞った追跡調査を繰り返したが、それも全選挙区調査に比べ極端に悪くなっていた訳ではない。ここで大きな影響を与えたのは、自民党選対副委員長で麻生最側近の一人である菅義偉の説明だった。菅は、この世論調査について「自民党支持層の五割強しか自民に投票すると答えていない。経済対策などが浸透していけば、自民党にはまだまだ伸びる余地がある」「自民党支持者は早期解散を望んでいない」と説明したのだ。

菅や中川らとの会談の翌日、自民党本部に入った麻生は、絶大な信頼を寄せる自民党本部事務総長・元宿仁と選挙対策部長・久米晃という二人の古参党職員を呼び、菅の分析結果が正しいかどうか改めて確認した。そこで麻生は、解散の先送りを決断する十月二十二日夜、首相官邸で開かれたインド首相との夕食会に出席した元首相・森喜朗は、夕食会が終わると麻生を呼び止めた。

森「俺は来週後半、韓国に行く予定だが、大統領から『日本はいつ総選挙をやるのか』と聞かれたらどう答えたらいいんだ」

麻生「当面、解散は無理ですよ。この経済情勢で選挙はできませんね」

十月二十五日、北京でのASEM首脳会議に出席した後、記者会見した麻生は、解散先送りを強く示唆したが、森に漏らしたことでも明らかなように、前週までには先送りを決めていたのだ。幹事長の細田博之がその後も、「解散は近い」と吹聴して回ったのは、早期解散を望む民主党を騙して法案審議に協力させるため、麻生から「当分、解散は近いと言い続けてくれ」と指示されたからだった。

当面、解散しないことを決めた麻生の心配は、早期解散を強く求めていた公明党・創価学会との関係だった。学会は十一月三十日を目指してすでに全力で動き出していた。ここはじっくり話し合って理解を求めるしかない——。こう考えた麻生は、中国から帰国した二十六日夜、太田と北側をグランドプリンスホテル赤坂に誘った。前回と同様、表向きは「秘書官と食事」という名目で、麻生はまずホテル内の中華料理店「李芳」に入った。この店からは従業員用のエレベーターで上の客室への「籠脱け」が容易にできる。そのため、小泉純一郎ら歴代首相も密会の隠れ蓑に使ってきた。麻生は、ホテルの九階に上がると待っていた太田らに対し、衆院選日程の延期を告げた。理由は「今の国際金融情勢の中で政治空白は作れない」「与党支持者には解散より景気対策をとの声が強い」の二点だった。

「十一月末と言ってましたよね」「いつ解散するか考えながら政権を運営しても中途半端になりますよ」「このままでは福田と同じになってしまう」

先送りになれば学会に対して面目が立たない二人は、約二時間にわたって時に激しく麻生に詰め寄った。だが、会談は平行線を辿り、三人は気まずい雰囲気の中で別れた。太田らがここまで粘ったのは、翌々日に学会の本部幹部会が控えていたこともあった。ここで全国の幹部に今後の選挙方針を示さなければならない。永田町で「選挙は先送り」との観測が強まっていたことを受け、二人は学会側から早急に麻生の真意を確かめた上で報告するよう求められていたのだ。

翌二十七日夜、北側は、本部幹部会を前にした学会最高幹部と方面長らによる会議に出席し、会長の原田稔や理事長の正木正明らを前に麻生との会談内容を説明した。

「話が違うではないか」「十一月がダメならダメでいつ解散か言質は取れないのか」

世界的な不況に覆われた中での麻生政権の船出

落胆を隠せない学会の幹部たちに対し、北側は「今週の解散は無くなったが、まだ年内の可能性が消えた訳ではない」と釈明する。会議では、とりあえず選挙に向けた活動を継続するとの方針を決めた。太田と北側は翌二十八日夜、ＡＮＡインターコンチネンタルホテルで再び麻生と密会。十二月七日や十四日に選挙を行えないかと談判した。だが、それを拒否されたのみならず、いつ解散するのかについても言質を取ることはできなかった。学会は翌週、ついに選挙態勢の解除を全国に指令した。

麻生は、その後、年末年始を挟んだ解散・総選挙も真剣に検討した。しかし、内閣支持率の低下が続き、結局ずるずると解散を決断できないまま翌年の夏を迎える。

揺らぐ外交、安全保障

対米関係に目を転じてみよう。

ブッシュ政権は二〇〇八年十月十一日、イラク、イランと並び「悪の枢軸」と非難してきた北朝鮮に対するテロ支援国家指定の解除に踏み切った。最大にして唯一の同盟国からはしごを外された日本は、拉致問題で孤立感を深める。日本外交が敗北した瞬間だった。

一方で、米国はアフガニスタン本土への自衛隊派遣を執拗に要求し、これを拒む日本に不満を隠さなかった。漂流する日本の政治と「主」が交代した米国。小泉政権以来、良好な関係を謳歌してきた日米同盟は麻生内閣の発足に合わせるかのように、陰りが見えてきた。

十月十一日午後十一時過ぎ、静岡県浜松市のグランドホテル浜松十二階。旧知の日本青年会議所歴代会頭との懇談会からラウンジでの二次会に移り、ほろ酔い気分の麻生に電話を掛けてきたのはブッシュだった。麻生が電話会談で使った携帯電話が、この日の同行当番である経済産業省出身の秘書官のものだったことからも、日本側の読み誤りがうかがえる。

ブッシュ「北朝鮮の核計画についてしっかりした検証の枠組みをつくる必要性は日米間で完全

に一致している。拉致問題には強い気持ちを抱いており、日本国民が強い懸念と不安を持っていることを理解している。被害者家族への深い同情と、この問題を解決するための誠実な気持ちを伝えたい」

麻生「六カ国協議で今後、検証の具体的な枠組みに関する交渉を行う際には、しっかりした合意ができるよう、引き続き日米間で緊密に連携していきたい」

この三時間前、駐日米大使のシーファーから日米電話首脳会談の意向が外務省に伝えられた。日本側は大統領が解除を了解していないと読み、この日の解除はないと高を括っていただけに外務省の衝撃は大きく、麻生も「話が違うじゃないか」と周辺に怒りを隠さなかった。

電話会談から三十分後、日本の日付が変わると同時に、国務長官のライスはテロ支援国家指定の解除の手続きを取り、解除の即時発効を発表する。指定解除は二十年八カ月ぶりで、一部経済制裁は撤廃されるが、核実験などを根拠とした同種の制裁は依然として科されている。しかし指定解除に慎重姿勢を崩さなかった日本は「後ろ盾」を失う形となり、対北朝鮮との交渉で劣勢に立たされた。

国務省は声明で拉致問題の解決に向け「遅滞なく取り組む」よう北朝鮮に要求したが、北朝鮮の核問題をめぐる六カ国協議で日本が置き去りになる懸念は拭えない。ブッシュ政権前期は国務副長官・アーミテージを筆頭とする知日派グループの影響力と小泉の日米同盟強化路線が共鳴した。しかし、知日派が去って政権末期を迎え、ブッシュや現在の高官は「外交成果」をアピールして歴史に名をとどめる方向へかじを切った。

知日派が防波堤になっていたとはいえ、米政府や議会関係者の間では、もともと「拉致問題には同情を禁じ得ないが、核が拡散して使用されれば死傷者は何百万人にも上りかねない。日本も大きな危険に晒されるではないか」と、拉致問題を優先させる日本を訝る声が少なくなかった。拉致を北朝鮮が認めた後、米国務省に日本のナショナリズムを研究する勉強会が発足したことからも米側の警戒感が窺える。

国際社会で各国外交官は「拉致問題は許せない」と繰り返してきたが、これは日本の外交方針を全面支持することには直結しない。ここに世界と日本の大きな認識の溝が存在しており、今後もそれは埋まらないだろう。北朝鮮を国際社会へ引っ張り込むため支援がさらに本格化した場合、日本政府は国内世論と国際社会との狭間で究極の判断を迫られる。

六カ国協議の韓国首席代表で外交通商部朝鮮半島平和交渉本部長だった金塾《キムスク》は、テロ支援国家指定解除を歓迎する一方、日本人拉致問題を念頭に「二国間の懸案が、非核化という究極的目標を妨げるのは受け入れ難い」と予防線を張った。

オバマ政権は中国重視か

同時並行で繰り広げられた米大統領選。民主党候補の上院議員（当時）のオバマは「（指定解除という）ブッシュ大統領の決定は適切だ」と支持の声明を発表した。

一方、共和党候補の上院議員・マケインは「北朝鮮の核申告を完全に検証できない限り、圧力を緩めるのは支持できないと述べてきた」と批判。交渉の経過について「米朝間で合意した後にアジアの友好国に支持を求めたことに懸念を覚える」と拉致問題や北朝鮮のテロ活動支援を無視していることに強い懸念を表明し、双方の見解は大きく割れた。

その四日後に開かれた米大統領選の第三回テレビ討論会。直後の米CNNとオピニオン・リサーチ社の世論調査では、オバマ優勢と判断した視聴者が五八％に上り、マケインの三一％を大幅に超えた。米CBSテレビも「勝者はどちらか」との緊急世論調査を実施し、オバマとの回答が五三％、マケインは二二％にとどまった。

ブッシュ政権の元国務副長官・アーミテージ、ホワイトハウス国家安全保障会議（NSC）の元アジア上級部長であったマイケル・グリーンら知日派の主力は、マケインの外交ブレーンを務めていた。オバマ陣営も知日派を抱えているものの、外務、防衛両省とのパイプは決して太くない。しかも民主党が同盟関係よりも、内にあっては国内産業の保護、対外的には環境など地球規模の課題に重点を置く傾向は否めない。

かつて大統領だったクリントンは訪中した際に日本に立ち寄らず、日本では不満と自嘲から「ジャパン・パッシング」（日本素通り）の言葉が生まれたが、この流れはブッシュ—小泉関係で変化した。関係を好転させた要因としては、二〇〇一年九月に起きた米同時多発テロ後のインド洋への海上自衛隊派遣やイラクへの陸上自衛隊投入、ミサイル防衛システムの導入決定、在日米軍再編の合意など枚挙にいとまがない。小泉純一郎はブッシュとの良好な関係をバネに、同盟強化に突き進んだが、その連携はオバマ政権で再び大きく揺らぐかもしれない。

知日派の面々は「米英並みの対等な同盟」を目指しつつも、憲法九条の規定で集団的自衛権は行使できないとする政府解釈など日本の限界を熟知している。日本人が思っているほど日本の国内事情に詳しくない米政府や議会関係者との「緩衝材」「通訳」として、日米同盟を下支えしてきたが、オバマ政権では、日本に配慮しながら日米同盟を強化してきたグループの影響力はより小さくなっている。

一方、日本では解散・総選挙を控え、政局は流動化。自民、公明両党で過半数に達せず、民主党もしくは野党連合でも過半数に及ばない公算もある。与党が仮に過半数を獲得しても、参院では依然として野党が過半数を占めており、国政はノッキングを繰り返して停滞しよう。

日米両国とも内向きの傾向が急速に強まる中、米政権の行方にかかわらず、米外交、国防当局が日本に求めているのはアフガン本土への自衛隊派遣である。インド洋での海上自衛隊による多国籍軍艦船への給油を継続させる新テロ対策特別措置法延長案は、早期の衆院解散・総選挙を求める民主党が早々に否決し、衆院で再可決された。しかし米国や欧州各国は給油継続を当然視しており、これは日米同盟や国際社会との関係で「プラスでもマイナスでもない。現状維持のゼロだ」（米外交筋）とし、評価されていない。

むしろ欧米各国はアフガンこそ、テロ組織の温床だと考えている。麻薬の供給源としても問題視しており、復興支援に全力を注いでいる。指定解除に向けた動きと同時に、日米間ではアフガン本土への自衛隊派遣をめぐり、激しい攻防が水面下で繰り広げられた。

「なぜ日本は自衛隊をアフガンに派遣できないのか。主要国ではロシア以外、すべて派遣している」。七月下旬、ブッシュ大統領特使の国防副次官補のボビー・ウィルクスは外務、防衛両省幹部と会談し、自衛隊によるアフガン支援を求めたのだ。アフガンで北大西洋条約機構（ＮＡＴＯ）が指揮権を持つ国際治安支援部隊（ＩＳＡＦ）の規模は四十カ国の約五万三千人で、米国は二万四千人、英国は八千五百人、ドイツは三千四百人が参加。ただ、駐留各国部隊の犠牲者総数は千人弱に達するほど危険性が高い。このため公明党を中心に与党内で慎重論が根強く、麻生政権が派遣のための新法制定に二の足を踏む最大の理由になっている。

米国防総省はアフガン支援で総額170億ドル(約1兆7000億円)の負担を日本など同盟国に要求したが、この財政難で応諾できる余裕はない。麻生は九月二十九日の所信表明演説で「日米の同盟の強化。これが第一だ」と明言したが、行動が伴っていないのは明らかだった。

「日米同盟と国連の両者をどう優先劣後させるか」。臨時国会の冒頭で麻生に迫られた民主党代表の小沢は「日米同盟と国連中心主義は何ら矛盾しない。米国との対等のパートナーシップを確立し、より強固な日米関係を築く。日本の安全保障は日米同盟を基軸としつつも、最終的には国連の平和維持活動によって担保される」とかわした。

民主党は「米艦船への給油は集団的自衛権行使に当たる」と継続に反対する一方で、アフガン本土で活動しているISAFへの参加を代案として打ち出している。自衛隊部隊の活動は人道復興支援活動に限定し、アフガン政府と武装集団の間で「抗争停止合意」が成立している地域、または活動への妨害で住民に被害が生じることがないと認定できる地域で実施されるという。

与党は民主党案に対し「抗争停止合意地域は存在せず、自衛隊部隊の派遣はできない」と批判した。民主党も国会審議で「現時点では人道復興支援で活動可能な地域はない」と認めており、文字通り「絵に描いたもち」。衆院選後、どのような政権ができようとも、日米同盟の再構築にいばらの道が待ち受けているのは間違いない。

自衛隊取り巻く変化の歪み

このころ、文民統制（シビリアン・コントロール）という安全保障の根幹を揺るがす問題も表面化した。航空自衛隊五万人を率いてきた前航空幕僚長の田母神俊雄が歴史認識をめぐる懸賞論文で「わが国が侵略国家だったなどというのはまさに濡れ衣」と主張して更迭されたのである。憲法違反の疑義で「日陰者」扱いされてきた積年の不満が相次ぐ海外派遣で自信に変質し、防衛省内局（背広組）の地盤沈下も手伝い、政治家と自衛官（制服組）が接近している。この問題は単に田母神個人の問題と片付けられない。自衛隊を取り巻く構造的な変化の歪みが背景にある。

「大臣いますか？いやぁー、懸賞論文で最優秀賞取りましてね――」

十月三十一日午後四時過ぎ、田母神は片手に論文を携えて防衛省十一階の大臣室に胸を張って入ってきたが、防衛相の浜田靖一は地元・千葉県にいて留守だった。この直前、田母神から受賞の報告を受けた防衛事務次官・増田好平は「これは問題じゃないか」と反応し、即座に浜田に電話した。田母神から浜田の携帯に連絡があったのは増田から報告を受けた後だった。

浜田「論文を読みましたよ。この内容はまずいねえ。問題になるよ」

田母神「私の認識、間違っていますか？」

浜田「だから、内容だけじゃなくて、空幕長の立場でこんなことを書いてはまずいよ」

押し問答の末、浜田は「すぐに辞表を書いて持ってきて下さい」と厳命した。懲戒処分にはしないとの判断だった。懲戒処分にすれば、その是非をめぐって審理に入る。田母神は自分の言動が間違っているとは思っていなかった。これまでの例では決着までに十カ月程度かかる。田母神の定年は延長しても二〇〇九年一月までで、自動的に定年退職になり、どのみち約６０００万円の退職金は支払われる。とすれば、早めに退職させるには定年延長を最短にとどめて辞めてもらうしかないとの結論だった。だが、これは事務的な説明に過ぎない。浜田は、田母神の参考人招致が行われた十一月十一日の参院外交防衛委員会で「審理で政府見解と異なることを新たに主張され、それが表に出て自衛隊員の士気が落ちることは避けたかった」とも言及したものの、これは政治的な思惑を言い尽くしていなかった。根底には、懲戒処分にすれば問題が大きくなるばかりか長期化し、野党が攻勢を強めて麻生政権が揺らぎかねないとの強い懸念があった。

話を十月三十一日夜に戻したい。

田母神は浜田に「午後九時過ぎなら伺えます」と伝えたが、辞表については明言しなかった。一方で、増田と空幕副長・岩崎茂に「辞表は持って行かない。懲戒処分で俺のクビを切ってくれ。時間がかかっても懲戒手続きの審理をきちんと行ってほしい。どこが悪いのか審理してもらった方が、問題の所在がはっきりする」と徹底抗戦の構えを見せた。これを伝え聞いた浜田は自発的辞任を断念する。浜田は午後九時過ぎ、東京・赤坂のＡＮＡインターコンチネンタルホテル東京の日本料理店「雲海」で秘書官と食事中だった首相・麻生太郎に電話し、経過を説明して空幕長の更迭方針を伝達した。麻生は「それでいい」と了承し、二十分後には浜田に「更迭は早くすべきだ。手続きは今日中に終えるようにしてほしい」と命じた。

アジア太平洋経済協力会議の首脳会議や日中韓首脳会談を控え、近隣諸国との無用な摩擦の種を一刻も早く摘む狙いがあったのは間違いない。政府は三十一日深夜の持ち回り閣議で、空幕長の任を解き、航空幕僚監部付にすると決めたが、制服組には「田母神さんは殉教者として、歴史に名を刻んだ」と同情する声が思いのほか多いのが実態である。

田母神は二〇〇九年四月、航空自衛隊のイラク空輸活動を違憲とした名古屋高裁判決について「そんなの関係ねえ」と発言し批判を浴びている。シビリアン・コントロールの危機を指摘する論調があふれる中で、なぜ制服組には「声なき声」として田母神擁護論が根強いのだろうか。

「軍事の専門家である自衛官と、法律や予算の専門家である事務官などが、意見を述べることは権利であり、義務だ」。二〇〇三年九月十日、かつて大本営陸軍部などが所在していた東京・市谷本村町にそびえる防衛庁（現防衛省）。ここで開かれた自衛隊高級幹部会同で、当時の防衛庁長官の石破茂は政治にもの申すよう鼓舞した。

これを受け、田母神は翌年の自衛隊部内誌で次のように述べている。

―栗栖弘臣・統合幕僚会議議長が、我が国の有事に関わる法制上の問題点を指摘したいわゆる超法規的行動発言のときには、栗栖統幕議長は国民に対し無用の不安をあおったとかの理由で更迭された。その後自衛官はモノを言わずに言われたことだけやればよいのだというような時期が続いたような気がする。しかしあれから四半世紀を経て今明らかに時代は変わった。（中略、石破の発言を引用し）義務であるからには問題を認識しながら意見を言わなかった場合には義務の不履行になる。栗栖発言は、当時は言ったことが問題になったが、これからは言わないことが問題になるのだ―

栗栖発言とは一九七八年当時、栗栖統幕議長が「日本が奇襲攻撃を受けた場合、超法規的行動を取らざるを得ない」と週刊誌や記者会見で持論を展開して有事法制の必要性を訴えた事案で、文民統制に反するとして防衛庁長官の金丸信に解任された。自衛隊を取り巻く環境は当時と大きく異なっている。米ソ冷戦時代は相互確証破壊の論理で戦略核による恐怖の均衡が保たれ、自衛隊は機能しないまま「管理」されてきた。ところが冷戦後、元英首相のサッチャーが「氷は溶け始めが最も危険だ」と予言した通り、湾岸戦争を皮切りに宗教や民族の対立に起因する紛争が各地で勃発。九〇年代からカンボジアなどでの国際連合平和維持活動への参加やイラクなどへの派遣を通じて、自衛隊は「運用」の時代に移行した。

先に紹介した自衛隊高級幹部会同では石破と共に当時の首相・小泉純一郎も訓示している。イラク復興支援特別措置法に基づく自衛隊派遣に触れて「現地情勢の把握に努め、隊員の安全に十分配慮しながら、派遣を検討していく。周到な準備をしていただきたい」と派遣に向けて準備を進めるように指示、自衛隊は年明けからイラクで活動を始めた。石破の発言と小泉の積極的な自衛隊海外派遣は、時代の変化を象徴したものだった。同時に、アジアでは中国の台頭と北朝鮮の軍事独裁化が進み、旧ソ連を仮想敵国としてきた日米同盟も再定義を迫られた。この結果、米国は同盟国・日本の役割拡大を要求し、自衛隊と米軍の連携が強化される。必然的に装備や現場の実情に詳しい自衛官（制服組）は発言力を強めて、政治に浸透していった。

国連安全保障理事会の常任理事国入りを悲願とする外務省は「国際貢献」をアピールする狙い

から制服組と手を結び、インド洋への海上自衛隊派遣を推し進めた。一九九七年六月には、当時の首相・橋本龍太郎の指示で、制服組による国会や他省庁との連絡交渉を禁じてきた事務調整訓令が廃止された。議員会館で政治家と接触する自衛官の姿が散見されるようになったのは、これがきっかけだった。

二〇〇一年九月十一日の米同時多発テロ直後には、陸上自衛隊幹部が官房副長官・安倍晋三（当時）の自宅を訪ねて、海外派遣された場合の武器使用基準の緩和を訴えている。安全保障・軍事問題は専門性が高いがゆえに、政治家は制服組の専門知識と経験を直接聞こうとする。さらに自衛隊は全国で二十四万人を擁し、家族やＯＢを含めると小選挙区制の下では選挙の当落に影響しかねない組織票があり、保守系政治家の多くが制服組を袖にしない傾向が強い。

前防衛事務次官の守屋武昌の汚職事件により、これまで政治と制服組の調整役を果たしてきた内局（背広組）が萎縮した反動も、制服組の発言力を相対的に高めた。だが、田母神問題で文民統制の揺らぎが表面化したことで、内局が巻き返しを始めた。その象徴は、制服組の権限を強める方向で検討してきた防衛省改革論議に表れている。

この改革は、背広組の優位を支えてきた参事官制度を廃止する一方、内局運用企画局の所掌事務から自衛隊の部隊運用を完全に外して統合幕僚監部に一元化。内局の防衛政策局次長に制服組を起用して政策決定ラインに入れるなど制服組の重用が肝で、石破が主導してきたものだ。

防衛省は九月末に「改革の基本的考え方」を公表する方向で調整してきたが、福田改造内閣の発足で防衛相が石破から林芳正に代わったため先送りされた。十月中旬には、海上自衛隊の特殊部隊養成課程での隊員の不可解な死亡事件も発覚。十月末に取りまとめて公表しようとしていた矢先に田母神問題が起きて、検討作業を一時中断した。

一連の改革は法改正などを伴うため、衆参両院の「逆転国会」の現状では政府、与党の意思だけでは容易に実現しない。内局は巻き返しに懸命だが、防衛官僚トップの事務次官・増田の省内の評判は芳しくない。守屋の後任として二〇〇七年九月に中央官庁最年少の次官として抜てきされた増田は若手の時代から「官僚が政治をリードする」との意識が人一倍強く、自他共に認める「ミスター防衛庁（省）」として早くから将来を嘱望されてきた。ところが次官になってからの求心力は低下の一途を辿っている。石破が主導した「内局つぶし」の省改革の太鼓持ちとの烙印を押され、省内には失望感が日増しに強まるばかりだ。増田自身「防衛政策は内閣官房に任せればよい」と言い出す始末で、「事務方トップが自分の組織を壊す気か」と人心は離れている。そんな空気を察知したのか、増田は安全保障・危機管理担当の官房副長官補・柳澤協二の後任に色気を見せていたが、四月の北朝鮮のミサイル発射で通常国会の閉幕後へ先送りになった。

文民統制が政治による軍事組織のコントロールを意味することは論をまたない。しかし政治家が安全保障政策に必ずしも詳しくない現実があり、日本では法制面などで内局の防衛官僚が防衛相を支え、制服組を統制してきた。いわば安全弁の役割を担ってきたわけだが、その機能は今や麻痺している。政治が漂流する中で「田母神が殉教者となり、今後も第二、第三の田母神が出現する」（防衛省筋）との見立ては、あながち的外れとも言えないのだ。

海賊対策、中国の影

麻生政権の発足から程なくして急浮上したのが、アフリカ東部ソマリア沖で頻発する海賊事件に対応する海上自衛隊の現地派遣構想だった。

二〇〇九年早々に具体化し、麻生政権は自衛隊法に基づく海上警備行動の発令による自衛艦船の投入を決定した。政府の前のめり姿勢には、日本関連船舶の被害への懸念に加え、中国が海軍艦船の派遣に踏み切ったのを受け、国際社会での日本の埋没を懸念したことが大きく影響していた。だが、他国船を守れない日本の制約により、国際協調を乱す可能性が付きまとう。政府は並行して、海賊対策で自衛隊を海外派遣できる法案を国会に提出した。

「ソマリア沖を通過する日本関連船舶は年間二千隻で、一日五、六隻になる。いつ襲われてもおかしくない状況であり、日本の国民の財産、生命を守る最大限の努力をするのは当然だ」。二月二十八日夕、官邸。麻生太郎は、防衛相・浜田靖一による派遣準備指示を受けて記者団に力説した。一方、浜田は「海上警備行動は新法が整備されるまでの応急措置。自衛隊による海賊対処は新法整備が基本だ」と述べ、海上警備行動が消極的な選択であるとの認識をにじませた。

ソマリア沖で〇八年に乗っ取られた船は三十五隻で、人質は六百人以上に上り、「世界で最も危険な海」との汚名まで付いてしまった。国土交通省によると、日本の海運会社が運航する船舶が〇八年に海賊に襲われた事件は前年比二件増の十二件で、海域別ではアフリカ五件、東南アジア五件、インド二件。アフリカのうち三件は、ソマリア沖アデン湾を航行中に海賊の発砲で被弾した。〇八年四月には、アデン湾で日本郵船のタンカーがロケット弾による襲撃を受けたが、近くにいたドイツの駆逐艦に連絡したところ海賊は逃走した。十一月には、日本人が船長を務める中国漁船が乗っ取られる事件が起きている。

海賊は船員を人質に身代金を要求するのが目的だ。ロケット砲や自動小銃で武装し、衛星利用測位システムも使いこなす。高速の小型船で挟み撃ちし、乗組員をソマリアまで連行しているようだ。ソマリアは内戦の影響で、二十年近く前から無政府状態が続く。人質の「相場」は高騰して、現在は1億円を超え、ソマリアでは「富」をもたらす海賊はまるでヒーローのような位置付けになっているという。

国連安全保障理事会は〇八年、二回にわたり海賊対策の決議を採択した。ソマリア領海での海賊行為取り締まりや、沖合の公海上に軍艦や軍用機を派遣する方針が盛り込まれている。安保理の要請を受けたNATOは〇八年十月に駆逐艦など七隻の艦船を派遣。ロシア、インドなどの艦船も周辺海域の警戒に当たっており、主要八カ国（G8）では日本だけが国家意思の象徴である「軍艦」を出していない。

麻生が派遣を急いだ理由は何か。それはオバマ米新政権の発足、そして中国海軍の派遣と無縁ではなかった。

オバマ政権でアジア政策を統括するNSCアジア上級部長には、クリントン政権で東アジア・太平洋担当の国務次官補代理を務めた中国専門家のジェフリー・ベーダーを起用。東アジア・太平洋を担当する国務次官補にはカート・キャンベル、国防次官補には在沖縄米軍四軍調整官も歴任したウォレス・グレグソンが就任し、この二人が日本の「橋頭堡」になるとみられる。だが元大統領のクリントンが訪中した際、日本を素通りしてしまった「ジャパン・パッシング」のトラウマは今も政界関係者の間に深く沈殿し、米民主党政権は中国寄りとの懸念が消えない。

中国は〇八年十二月、ソマリア沖へ海軍南海艦隊のミサイル駆逐艦など三隻を派遣。年明けに現場海域に到着し、護衛任務をスタートさせた。世界食糧計画（ＷＦＰ）など国際機関の支援物資を積んだ船舶も護衛している。日本政府が海自艦派遣に向け、バタバタと動き出したのは、この前後だった。

中国メディアは「十五世紀にアフリカへ大船団で遠征した鄭和以来だ」と国力増大ぶりを誇示。一方で中国の国防省報道官は「国際社会が協力して海賊対策に当たるべきだ」と強調し、近年の外洋進出による中国の覇権拡大への懸念を打ち消した。中国は、オバマ政権が重視するアフガニスタン復興支援に絡み、陸軍を現地に派遣する可能性も指摘されており、日本政府内では外務省を中心に「このままでは米中がさらに接近し、日本が取り残される」と危惧する声が水面下で急速に強まっていた。

しかし、麻生政権の対応は一枚岩ではなかった。

「本来、海上警備行動は日本の領域内を想定したもので、ソマリア派遣には新法を制定すべきです。防護対象は日本関連船舶に限定され、外国船の護衛もできません。こうした国際協力の観点のほか、重火器で武装している海賊に対し的確にどう任務遂行するか、十二分に検討が必要です。命令権者としての責任があるので慎重にやりたい」

二〇〇八年十二月二十六日、官邸の首相執務室。閣議直前のすき間を縫って浜田がこう切り出すと、麻生は「海賊は軍艦には攻撃を仕掛けてこない。現場海域にいればいいんだ」と譲らず、海自艦船の早急な派遣を検討するよう指示した。浜田はこの後の記者会見で「首相の指示は海上警備行動に限定していない。検討課題の一つだ」と強調、新法を整備した上での派遣が望ましいとの姿勢をにじませた。奇しくもこの日は中国海軍のミサイル駆逐艦と補給艦がソマリア沖に向け、海南省・三亜から出航した日だった。浜田の盟友で元防衛相である農水相・石破茂も「ソマリアに派遣するのは法の想定外だ」と麻生に断念を進言したが、派遣への勢いは止まらなかった。

再三にわたり浜田が強調するように、海上警備行動の防護対象は日本籍の船舶や日本人が被害を受けたケースに限られ、日本人の生命・財産に関係のない外国船が襲撃されても対応できない。武器使用は警察官職務執行法の規定が準用され、正当防衛や緊急避難のみに限られる制約がある。本来であれば、海上保安庁法が準用され、強制的な停戦や船体射撃などが可能だが、これは領海内でのことで、ソマリア沖など領海外ではできない。海上警備行動は一九九九年と二〇〇四年の二回、発令されたが、いずれも海上保安庁の能力を超える領海侵犯事件に対処したものだった。

各国は自国関連船の防護を原則としながら、他国船舶も対象にしているケースが多い。日本のように外国船は守れないと公言する国はないのが実情で、浜田が「国際貢献の面から日本の船だけを守ることでいいのか。逆効果にもなりかねない」と慎重な姿勢を崩さなかった所以である。「海自艦の制約に付け込み、海賊やテロリストが狙い撃ちにしてくる可能性もゼロとは言い切れない」(政府関係者)との指摘もあった。浜田は最終的に、あくまで新法制定を前提として、「つなぎ」として海上警備行動を受け入れた。

政府が国会に提出した新法＝海賊対処法案は(1)警告にもかかわらず接近してくる海賊船への船体射撃を容認するなど自衛隊の武器使用基準を緩和(2)国籍や犯行場所に関係なく日本の刑罰法令を適用(3)外国の船舶、船員も保護対象とする——が骨格で、与党の賛成多数で四月に衆院を通過した。民主党は与党との修正協議で、自衛隊派遣の国会事前承認の盛り込みを主張して譲らず、決裂した。

この結果、民主党は党内の足並みの乱れを露呈させずに済み、自衛隊派遣に反対の社民、国民新両党との共闘路線を堅持できた。

「ソマリア沖に自衛隊を派遣すれば、武力行使につながる可能性がある」。一月十八日、東京・芝公園の「メルパルク東京」で開かれた民主党大会。来賓として挨拶に立った社民党党首の福島瑞穂はこう力説し、民主党をけん制。「自公政権を解散に追い込み、衆院選に勝利して新しい政治を切り開こう」と訴えた。民主党代表の小沢一郎はこの後、記者会見で「一般論としては自国の国民や財産を守るということ自体、許される範囲内のことだと思っている。ただ自衛隊を使ってどうするとか、こうするとかいう問題は別だ」とあいまいな受け答えに終始。「小異を残して大同につくというのは古来から言われている。自公政権はノーという基本姿勢で協力することに何の支障もない」と野党共闘優先の姿勢を鮮明にしていた。

そもそも参院は民主党単独で過半数を確保しているわけではなく、社民党と国民新党の協力が過半数維持には欠かせない。したがって、衆院選で民主党が大勝しても、当面は参院で社民党、国民新党と連携しなければならないのだ。

「日本が自身の国民や商船を海賊から守るのに、どうしてそんなに時間がかかるのか理解できない」。前米駐日大使のシーファーはオバマ米新政権の発足に伴う離任会見で、この言葉を残して日本を後にした。

当面は海上警備行動で自衛艦を派遣した日本だが、衆院選をめぐる政局の緊迫化で、ソマリア沖の海自部隊の活動は、政治や世論から忘れ去られてしまいかねない。苦悩するのは大きな制約を課されたまま緊張を強いられる自衛官たちである。

麻生内閣の「官邸崩壊」

二〇〇九年は、首相・麻生太郎の相次ぐ放言による内閣支持率の「とてつもない」急降下の連続で幕を開けた。自民党内からは麻生の政権運営を批判する動きが顕在化したものの、ポスト麻生の不在で空回り。自民党は座して死を待つしかない断末魔の状況に追い込まれた。

「レミングの集団自殺」——。麻生に距離を置く閣僚経験者の一人は自民党の行く末をこう例える。レミングはハムスターに似た小さなネズミでノルウェーに生息。集団自殺することによって、個体数の調節を行っているとされる。何百万匹というレミングが群れをなして旅に出て、岸壁から海に飛び降りて溺れ死ぬという自然の摂理だ。救いようのない自民党の現状を象徴する比喩かもしれない。

前年の十二月九日、衆院議員会館の会議室で開かれた「速やかな政策実現を求める有志議員の会」。元官房長官の塩崎恭久は「倒閣運動という話も出ているが、そんなレベルの話をしているんじゃない。自民党は侃々諤々の議論をして、その中から答えを出すダイナミズムがあったが、最近は低調だ。ショッキングな世論調査の結果が出た時こそ、議論して道を開いていくことが大事だ」と力説、「麻生降ろし」との見方を打ち消した。だが会合後、内閣不信任決議案が野党から提出された場合の対応を記者団から問われると「筋から言えば乗れないが、状況による」と否定しなかった。

出席者は議員本人二十五人で、代理を含めて四十八人。十一月下旬に二〇〇八年度第二次補正予算案を国会に提出するよう官房長官の河村建夫に申し入れた時の二十四人から倍増し、元行政改革担当相の渡辺喜美は「党内の危機認識の高まりの表れだ」と広がりを誇ってみせた。この会の大義はご多分に漏れず、政策の実現だ。具体的には中小企業対策に加え、公務員天下りや道路特定財源などについて政策提言していく。塩崎、渡辺に加え、前金融担当相・茂木敏充、元首相補佐官・世耕弘成らが国会図書館の一室に密かに集まり、作戦を練ってきた。

世耕は「一回目の官邸への申し入れは、ティーグラウンドで素振りのつもりだった。それが思いっきり三百ヤードも飛んでしまったが」と反響の大きさに戸惑ったが、党内ではベテランを中心に「敵に塩を送るようなもの」(税制調査会長・津島雄二)と、冷ややかな視線が多かった。

与党は「ねじれ国会」の中で、税制改正法案などを衆院での三分の二以上の再可決により切り抜けてきた。仮に造反で再可決できなければ政権運営は暗礁に乗り上げてしまう。与党は衆院で自民三百四議席、公明三十一議席の計三百三十五議席。衆院議長の河野洋平と欠員を除く四百七十八議席の三分の二を確保するには三百十九議席が必要だが、与党から十七人が造反すれば届かない。

政府は通常国会に二〇〇八年度の二次補正と定額給付金などを実施するための関連法案を提出した。衆院の採決が最初の関門。ここで一定規模の造反者が出れば、衆院再議決を待たず与野党の攻防は一気に緊迫する。津島らのけん制はこうした展開への懸念も計算したものだった。

民主党は関連法案の参院採決に簡単に応じない。その場合、与党は参院送付後六十日を待っての「みなし否決」を適用した衆院再議決に踏み切る構えだった。造反によって再可決できなければ、首相が衆院解散か総辞職を迫られかねない。

自民党元幹事長の中川秀直を中心とする社会保障改革の議員連盟「生活安心保障勉強会」の設立準備会も十二月十一日、党本部で開かれ、衆参両院議員五十七人が参加。中川は「純粋な勉強会だ」と強調したが、もともとの狙いは麻生へのけん制だ。ところが元首相・森喜朗らの働き掛けもあり、麻生に近い元首相・安倍晋三や選対副委員長・菅義偉らが参加して「反麻生色」は希釈された。中川は新党を視野に入れるものの、「ポスト麻生」が定まらない限り、けん制の域を出ないのが実情だ。小泉構造改革の継承を訴える中川ら「上げ潮」派は、民主党の副代表である前原誠司や元政調会長の枝野幸男ら反小沢グループとの連携を模索してきたが、追い風の民主党に政権が転がり込む可能性が日増しに高まっているだけに、前原らが選挙前に民主党を飛び出して中川らと手を握る公算は小さかった。しかも四十歳代の前原らは「小沢の時代」はそう長く続かないと見ていた。つまり中川らは民主党に確実な橋頭堡がなかったのである。

一方で、麻生の足元は揺らぎが止まらなかった。早期の衆院解散が前提で、「選挙仕様」になっていた人事の歪みが随所に出始めていた。二〇〇八年度第二次補正予算案の臨時国会への提出見送りで「景気優先」は口先だけとの批判を浴び、道路特定財源の配分や郵政民営化見直しを巡る迷走発言で「統治機構として機能不全に陥っている」との見方が浸透してしまった。首相の好みで固めた官邸スタッフも司令塔が不在で、調整力にも疑問符が突きつけられた。

批判の矛先の筆頭は女房役の官房長官・河村建夫だった。そもそも文教族という麻生との共通項に加え、「選挙になっても地盤が強いから東京に残ることができる」という「選挙シフト」で抜擢された河村はワンポイントの予定で、麻生は国対委員長の大島理森を衆院選後の官房長官に想定していた。ところが解散先送りで、河村の重責が長期化した。

十一月十九日夜、麻生が自民党幹事長の細田博之、大島と密かに二次補正対応などを協議した際も同席せず、重要な政策決定から外される局面も少なくない。全省庁の官僚を束ねる役割の官房副長官（事務担当）の漆間巌にも厳しい視線が注がれた。警察庁出身者は田中角栄、三木武夫両内閣の副長官だった川島廣守以来、三十二年ぶり。麻生は「拉致事件での積極的な取り組みを評価した」(官邸関係者)というが、経済対策など畑違いの内政問題で荷が重かったのは明らかだ。かつて元首相の海部俊樹らに仕えた石原信雄は「影の内閣総理大臣」と呼ばれた。石原に限らず、事務副長官が政策のほとんどを取りまとめてきたのは紛れもない事実。ここが揺らげば、野放図な縦割り行政がまかり通ってしまう。政治、官僚の両サイドともに「司令塔」や「調整役」が欠落しているのだ。麻生内閣の目玉政策になるはずだった給付金の問題でも、財務省は官邸を頼りにしなかった。財務省幹部は政調会長代理の園田博之らを頼って自民党本部へ激しく出入り。官邸は「空白」となり、麻生の発言は迷走を繰り返した。

「今までの総理は財務省の言いなりだったが、俺は違う。経済がわかるから、言いなりにはならないよ」。麻生は就任以来、親しい官僚にこう漏らしてきた。この言葉を裏付ける人事が、総務相時代に総務省官房総務課長として仕えた秘書官・岡本全勝の「五人目の秘書官」への起用だ。政務担当以外の四人の事務秘書官は従来、財務、外務、経済産業、警察の四省庁が占めてきたが、麻生政権では四省庁出身者に加えて岡本が起用され、総務省を含む五省庁体制になった。一九七八年に旧自治省に入省した岡本は秘書官の最年長で、事実上の筆頭であった。

岡本は、自身のブログで行政批判を展開し、他省庁との衝突も辞さない「個性派官僚」で知られている。内政に疎いとされる漆間の穴をこの岡本が埋めようとしているが、総務省寄りの姿勢から他の秘書官や各省庁との関係が険悪化しており、それが麻生政権の屋台骨を揺るがせている。他省庁からは麻生内閣の政策を「〝全敗〟させる気か」と皮肉まじりの批判も噴き出す始末だが、岡本も麻生もそんな批判はどこ吹く風だ。

「オバマ氏の声を聞いていると、どこかの俳優みたいだ」。十一月七日朝、麻生が電話会談した米次期大統領・オバマの声を褒め称えると、岡本はすかさず「向こうもそう思っているかもしれませんよ」と合いの手を入れ、麻生を持ち上げた。毎日夕方の官邸での記者団による「ぶら下がり」取材の直前、岡本が記者に扮して麻生に質問する「練習」も官邸関係者に何度か目撃されている。いつの間にか、霞が関の官僚の間では「岡本と総務省のラインで物事が決まっている」との冷めた見方が広がり、財務省を中心に霞が関が官邸と距離を置き始めてしまっていた。

ポスト麻生不在で思考停止

二〇〇九年二月に入ると、麻生内閣の支持率は軒並み一〇%台前半まで下がり、もはや「危険水域」を通り越して「瀕死状態」に突入する。その大きなきっかけとなったのが、ローマでのG

7・先進七カ国財務省・中央銀行総裁会議の閉会後に「もうろう会見」をやらかして世界に恥を晒した財務相・中川昭一の辞任だった。しかも中川は、麻生と同じ保守派の論客で強い盟友関係にあり、麻生が組閣にあたって真っ先に起用を決めた一人だった。それだけに麻生の憔悴ぶりは傍目にも明らかなほどで、さすがの「楽天家」も精神的ショックは隠しきれなかった。

中川の辞任は外交で失地回復を図ろうとした麻生の思惑も瞬時にして打ち砕いてしまった。二月十七日、中川が会見で辞意を表明した時刻と、日本を訪れていた米国務長官のヒラリー・クリントンと外相・中曽根弘文の日米外相会談はほぼ同時刻だったのだ。クリントンの眼に麻生内閣の混乱ぶりが強く印象付けられたことは確かだ。

「一〇％割るかもしれませんよ。どっかの調査でも割ってたじゃないか」。二月二十日夜、官邸。「朝日新聞調査で支持率が一〇％台になりそうだが」と記者団から問われた首相は即答し、「世論調査の数字が良かろうと悪かろうと真摯に受け止めるべきものだと思っている。特にコメントはありません」と質問を打ち切った。薄ら笑いを浮かべながら、自ら一〇％割れの可能性に言及した麻生の言動は悲壮感を通り越して、自虐的だった。

内閣支持率が急低下すると、自民党内では「麻生政権では次の衆院選は戦えない」との声が高まった。二月十八日夜には元首相・森喜朗と前参院議員会長・青木幹雄、副総裁・山崎拓が読売新聞グループ本社代表取締役会長の渡邉恒雄、日本テレビ放送網取締役会議長（当時）の氏家齊一郎を交えて会談。「麻生では選挙にならない」との意見が噴出し、「ポスト麻生」候補として厚労相・舛添要一や経済財政担当相・与謝野馨らの名前が挙がった。それまで麻生を擁護してきた森は聞き役に徹したが、麻生の首に鈴を付けるよう促される形になったのは言うまでもない。

幹事長代理の石原伸晃や元官房長官の塩崎恭久、副幹事長の菅原一秀ら中堅議員も密かに集まり、ポスト麻生を見据えた今後の自民党内の動きなどについて情報交換した。「仏の顔＝首相交代＝も三度までだ。国民に何と説明するのか、十分考えていかなければならない問題だ」と石原。安倍晋三、福田康夫、麻生と続き、衆院選を経ずに四人目の首相に代わるのは世論の理解を得られないと受け取れる発言だが、「選挙管理内閣」を組んで衆院選に即座に踏み切ると国民に説明すれば、麻生交代も致し方ないとも読める。いずれにせよ、石原の発言は自民党の置かれた苦しい立場を言い尽くしていた。だが有力な首相後継が不在の現状で、麻生が政権にしがみつく限り、これを交代させるのは容易ではない。麻生は二〇〇九年度予算成立後に大規模な追加景気対策を打ち出し、「麻生降ろし」を封じる構えを見せていた。

「民主党に対して鉄砲を撃ってもらわないといけないのに、撃つ方向を間違っている。欠席は党規違反であり、例外をつくるわけにはいかない。小泉元首相は雲の上の人になって表だけ見ている」。いつもは温厚な官房長官・河村建夫は二月十九日、小泉が定額給付金の財源を担保する法案の衆院再議決に欠席する考えを表明したことに対し、TBS番組で痛烈に批判。欠席すれば自民党による処分対象になるとけん制した。

「〇九年度予算成立後に禅譲で与謝野選挙管理内閣ということではないか」

中川昭一が辞任表明した直後、「後任は与謝野馨経済財政担当相が兼任」と通信社が速報すると、永田町には「ポスト麻生は与謝野」との説がまことしやかに流れた。実務を優先した後継人事が意に反して退陣論を惹起したことは、町村派幹部から即座に麻生周辺に伝わり、河村が記者会見で「当面の措置」であると強調するに至る。ポスト麻生の一人に与謝野が挙げられたのは、堅実な実務能力や重要閣僚を務めているという永田町的な「総理の資格」を備えているからではない。また「背後に元首相の中曽根康弘や渡邉恒雄が控えており、民主党との大連立を期待できる」というような玄人好みの政局観からだけとも言い難い。

与謝野と民主党代表の小沢一郎は囲碁仲間として知られる。昨年秋の「大連立構想」でも二人は公衆の面前で囲碁を打って親密ぶりをアピールした。だが「与謝野首相」で小沢が再び大連立に動いた瞬間、民主党での求心力は一気に低下する恐れをはらんでいた。衆院での単独過半数も視野に入り始めたのに、小沢が大連立を模索する可能性は限りなくゼロに近づいていた。「与謝野首相」で大連立という方程式はもはや成り立たない話だった。

国家運営をまっとうに遂行できない政権を三代も続けた自民党に対する不満、鬱憤が有権者の間に充満しており、「目先を変える」ことや「受けのよさ」を優先する人気投票のような首相選びでは、不満、鬱憤を増大させるばかりだ。ここは「神経を逆なでしない、落ち着きを優先させるべきだ」との判断が与謝野を推す声の底流にあった。一九三八年生まれの七十歳（二〇〇九年五月現在）。沈着冷静で知性も感じさせる言動の与謝野ならば国民感情を癒やし、なだめることができそうだと期待する声は少なくない。

参院議員で本来は首相候補には擬されにくい厚生労働相の舛添要一もポスト麻生の一人に目され始めた。年金記録不備問題や後期高齢者医療制度など世論の批判を受ける難題を抱え込みながらも説明能力の高さで批判を吸収。「次の首相」を問うマスコミの世論調査でも急上昇している。新型インフルエンザ対応をめぐるマスコミ露出度の高さがポスト麻生の期待値を上げた。

参院議員で一見当て馬的な存在の舛添だが、参院議員であるがゆえに意外な基盤を持っている。参院の首領として長年君臨した青木幹雄の「秘蔵っ子」的な存在なのだ。青木は舛添と定期的に会合を重ねている。舛添は何かにつけ「青木さんの了解を得てから」と言うのが口癖のようになっている。「舛添くんをバツにする理由はないわね」。「舛添首相」の可能性を周辺から尋ねられると青木はこう答える。先に述べた渡邉恒雄らとの会合でも青木や森は舛添を高く評価した。昨年までは東京都知事の椅子を狙っていたはずの舛添自身も、このところは首相への意欲を隠さなくなってきている。人気優先の物差しがぐらつき始めたことで従来、有力な総裁候補となり得なかった元財務相・谷垣禎一、前官房長官・町村信孝ら派閥領袖系の名前も浮上してきた。ただ、メディア情報で投票行動が大きく左右される無党派層主体の都市部選出の若手議員は依然として「人気者でいこう」路線を崩さない。

「史上初の女性宰相」なら目先を変えられると、元防衛相の小池百合子や消費者行政担当相の野田聖子による継投を支持する声や、前出の石原伸晃の名前も取りざたされる。引退を表明し「あり得ない」はずの小泉再登板を本気で期待している議員も二十人を下らない。

一方、民主党には困惑が広がった。麻生政権誕生時、衆院議員の任期満了まで一年だったため、世論の反発を招く「三度目の首相交代」はあり得ないとみて「麻生で衆院解散は固い」と判断。何より、マスコミの内閣支持率が一けた台となった森内閣並みの不人気者である麻生での衆院解散は、民主党にとって最も望む展開だ。自民党内で麻生離れが進行する中、皮肉にも民主党は麻生続投を強く願っていた。むしろ民主党は、麻生が政権を投げ出した後、その後継首相が自民党への支持を回復させて民主党に挑んでくるケースを強く警戒していたのだ。

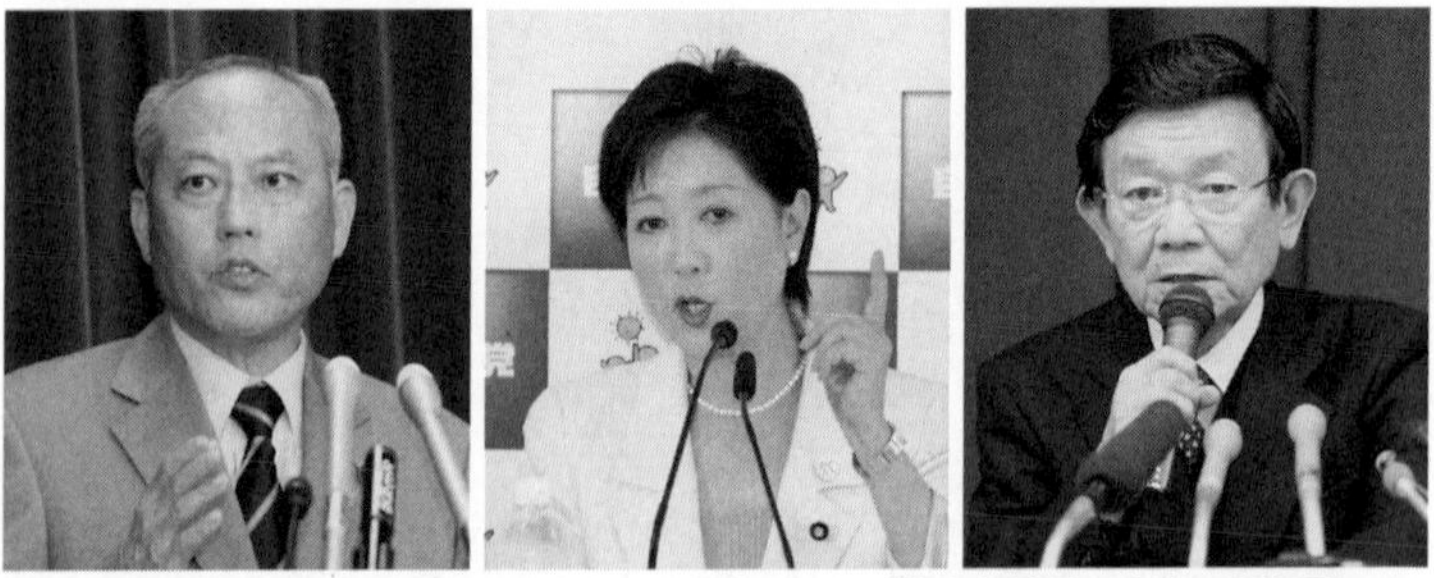

急速な支持率の低迷で「ポスト麻生」の名が挙がった（左から舛添、小池、与謝野）

「ポスト麻生」は就任直後に衆院解散の決断を迫られる公算が極めて大きいが、衆目の一致するポスト麻生は見当たらない。民主党はこの時期のポスト麻生政局に「高みの見物」で対応していたようにも映ったが、小沢周辺は「最大の脅威は元防衛相の小池だ」と見立てていた。二〇〇八年秋の総裁選で敗れ、自民党内の支持基盤が弱いのは百も承知だが、化けて怖いのは小池しかいない。知名度は容易に人気へ転化してしまう。何より、旧新進党から旧自由党まで小沢と行動を共にして、小沢の裏も表も知り尽くしている。女相撲の横綱だ。この小沢周辺の見方は、「一度政権交代させたらと言う世論に対抗できるのは『小池首相』しかない」という見立てを述べていた小泉純一郎と同じなのだが、自民党内の「小池アレルギー」は強く、「ポスト麻生」の本命になる可能性は低い。自分たちの担ぐ首相が国民から「首相としての資質に欠ける」との烙印を押されてしまった自民党。それでも衆目の一致する「ポスト麻生」の不在が重くのしかかり、自民党は半ば思考停止の状態に陥って行った。

第五章

政界再編の主役の座を狙う政治家たち

「政界大乱世」を望む新実力者・中川秀直

中世英国のチューダー様式を基調とした旧宮家の邸宅を改装したグランドプリンスホテル赤坂の旧館。廊下に敷かれた赤い絨毯の上を歩くとギシギシという音が響くその歴史的建造物の二階で、毎週木曜正午から清和会（＝自民党町村派）の定例総会が開かれる。二〇〇八年六月五日の総会では、派閥の名誉顧問に退いてから総会で挨拶を控えている元首相・森喜朗が久しぶりにマイクを握った。前週、横浜市で開催されたＴＩＣＡＤ・アフリカ開発会議で、森が首相の代理で議長役を務めたため、その報告をするとの名目だったが、話が政局に移った途端、出席者の間に緊張が走った。

「（首相の出身派閥である）我がグループは、党内で一番謙虚に頭を下げて『皆さんのおかげです』という姿勢を取らなければならない。福田さんは、つらい政治状況の中で一生懸命に国を守ろうとしている。皆が協力し、足を引っ張るようなことは止めるべきだ」「幸い我が党の総裁候補と噂される方々は誰も福田さんの足を引っ張る動きをしていない。そんな動きは、我がグループが一番やってはいけないことだ」

具体名こそ挙げなかったが、怒気を帯びた森の言葉の矛先が、傍らに座っている派閥の代表幹事である元幹事長・中川秀直に向けられているのは明らかだった。だが、中川はタバコを燻らせながら、他人事のように頷くだけだった。

福田赳夫─安倍晋太郎─三塚博─森─町村と続くこの派閥の中で、中川は森の側近として歩むことで出世を果たし、森内閣では官房長官に就任。だが、自らの女性スキャンダルで途中辞任すると、その後は復権を目指し、小泉純一郎の忠臣として郵政民営化をしゃにむに進めた。「三位一体改革」でも文教族の森の言うことを聞かずに文教予算の地方委譲を推進し、「森を裏切って小泉に乗り換えた」とも言われた。その後も「安倍温存論」を唱える森の意向に逆らって安倍政権作りに奔走し、安倍内閣では党幹事長の座を射止めた。安倍内閣崩壊後は派閥を離れていたが、しばらくして森の誘いで派閥に復帰した。森─中川ライン復活かと言われた。その後も表面的には「総裁派閥」の事実上のトップとして森と共に福田を支える構えを取っていた。

だが、講演などでは、経済成長重視の「上げ潮」派として、前官房長官・与謝野馨らの「財政再建派」を激しく攻撃。さらに「急進改革派」として官僚機構の解体を唱え、雑誌やテレビのインタビューでは政界再編に積極的な発言を繰り返す。森の目には、中川が党内にわざと波風を立て、政権の足を引っ張っているとしか映らなかった。

森は、若手議員との会食の席などでは以前から「総裁を出しているグループの代表があんなに政界再編に踏み込んだことを言ってはいかん。中川くんは何を考えているんだ」と不満を漏らしてきた。それが表立って批判するまでに至ったのは、森が何より大事にしてきた派閥＝清和会を分裂させかねない動きまで始めたからだった。

中川は、自分と並んで派閥の代表幹事を務める官房長官・町村信孝について「(福田)総理との意思疎通に問題がある」などと水面下で吹聴し、派内の亀裂を意図的に拡大させていた。さらには自らの近著『官僚国家の崩壊』をテキストにした政策勉強会まで派内に発足させた。中川に近い杉浦正健や山本拓が呼びかけ人になって開かれた初会合には同派議員三十三人が参加。勉強会で配られた資料には「(仮称)中川勉強会」と書かれており、森や町村だけでなく、中堅・若手からも「分派活動に他ならない」と批判の声が上がった。

一方で、中川は、清和会出身ながら派閥を離れたままの元首相・小泉純一郎とは頻繁に連絡を取り、道路特定財源の一般財源化の実現や公務員制度改革基本法の成立に向け、小泉とタッグを組んで福田に実現を迫っていた。同時に中川は、小泉内閣当時から前原誠司ら民主党議員とも会合を重ねた。相手は基本的に反小沢が多い旧日本新党・さきがけ系の議員たちで、「一緒に改革を進めよう」と誘って民主党分裂を画策した。「いざとなれば小泉さんも一緒に動く」が殺し文句だ。福田政権下でも、前原が熱心だった海洋基本法の成立に尽力して恩を売ったり、前原を誘ってタバコ税の大幅引き上げを目指す議連を発足させるなど関係強化に余念がなかった。

森が派閥総会で中川を批判した五日の夜、中川はグランドプリンスホテル赤坂で開いた自らのパーティーで「日本にとっても私にとっても今後三年間は集大成の時だ。決意と覚悟を持って身を捨てて戦う。結果で答えを出したい」と表明。新聞では、総裁選出馬への意欲を示したものと報じられた。確かに官房長官辞任からすでに八年。近著で当時の女性スキャンダルに自ら触れたことも「みそぎを済ませ、表舞台に出ようという意思の表れだ」と見られていた。

だが、ここ数年、何度入閣要請があっても「過去の不始末を国会で追及されるから」と頑に拒否してきた。まだ表沙汰になっていないスキャンダルもあると言われ、一部雑誌に証拠を握られているとも噂される。

一方、二〇〇六年の政治資金収支報告書によれば、中川が集めた資金は3億5000万円余で全国会議員中トップ。豊富な資金力を誇るが、不動産関係など怪しげな業者との付き合いを指摘する声も少なくない。〇八年に入ってからも、二月に法人税法違反容疑で東京地検特捜部が捜査に着手した不動産会社「ABCホーム」前会長との親密な関係を週刊誌に書き立てられた。前会長と中川をつないだのは、資金集めの中心となっている公設秘書だったが、中川は慌ててこの秘書を公設から外し、勤務場所も議員会館から個人事務所に移した（その後退職）。こうした中で首相の座に就けばどうなるかは、閣僚就任すら拒否してきた中川自身が一番わかっている。

この頃、中川は内輪の席で総裁選への意欲を問われると「そんなことは超越している」「自分が立つときは大乱世の時だ」と答えていた。その意味するところは政界再編だ。このまま自民党総裁＝首相になったところで野党やマスコミから一斉に攻撃を浴び、選挙どころではない。だが、長年にわたり関係を築いてきた民主党議員と自民党の改革派を糾合して新党を作り、そこから推される形で権力の座に就くならば話は別だ。国民の期待を集める「改革派政権」ならば高支持率が期待できるし、マスコミも批判しにくいからだ。中川が政界再編に積極的な姿勢を示し、「改革派・上げ潮派」対「官僚派・増税派」の党内対立を煽り立てるのは、こうした計算の上にある。多少無理をしてでも資金集めに精を出すのも新党立ち上げに向けた準備なのではないのか。

こうした中川の戦略は、小泉の考えとも合致する。小泉の意向とは、自分が敷いた構造改革路線を今後も維持することと、小沢一郎を潰すことの二つだ。

二〇〇八年四月九日夜、東京・広尾の料亭「有栖川清水」で日本経団連前会長の奥田碩や「楽天」社長の三木谷浩史らが、小泉、小池百合子、茂木敏充、前原誠司、玄葉光一郎、仙石由人ら自民・民主両党の議員たちと開いた会合。三木谷が一橋大学の大先輩である奥田と相談し、小泉に持ちかけて開いた会合だが、集まったメンバーは小泉の意向に沿った面々だった。この席で小泉は小池と前原を指差して「ここに総理候補が二人いる」と言い放った。永田町では「酒席での戯言だ」と一笑に付す向きもあるが、小泉は本気だった。

小泉はこのまま次期衆院選に突っ込めば自民党は野党に転落しかねないと読んでいた。だが当時、党内で「ポスト福田」の最有力候補は、小泉路線の修正を正面から掲げる麻生太郎。小泉にとって面白いはずがない。それ以上に、長年の政敵である小沢が政権の座に就いて、自らが断行した郵政民営化を覆すようなことは当然のことながら絶対に許せなかった。

そもそも小泉は福田赳夫の書生から政界入りした筋金入りの反田中・竹下派（＝経世会）だが、その具体的な標的は金丸信―小沢一郎ラインだった。首相就任前、酒を飲むとよく口にしたのが「ＹＫＫ（山崎拓、加藤紘一、小泉）は、『反経世会』を旗印に手を結んだと言われるが、加藤さんも拓さんも一度は小沢の軍門に下ったことがあるんだよ。小沢の誘いに一度も乗らなかったのは俺だけだ」との言葉だ。これほど強烈に小沢を意識してきた小泉だ。小沢政権によって自らの政治を全面否定されるようなことは阻止したいと考えるのは当然だった。

そのための仕掛けは二つ。一つは、このまま自民と民主の対決となった場合でも、自公連立政権を維持させるための新たな顔作りだ。この頃、小泉と話した政界関係者が「本気で小池さんが総裁候補だとお考えですか」とたずねると、小泉は「これからの政界は何でもありだ。小池さんは勘と度胸が良いからな」と答えたという。小泉は、本気で小池を麻生の対抗馬にと考えていたのだ。中川が自ら会長を務め、小泉が名誉顧問に就いた「京都議定書目標達成議員連盟」の幹事長に小池を据えたのも、小泉の意向を受けてのことだった。

もう一つはやはり政界再編だ。小泉は衆院選前の政界再編もあり得ると周辺に漏らしていた。中川らを通じて民主党の反小沢系議員に「改革派政権」を作ろうと呼びかけて分裂を促す。その場合の首相候補の一人が前原だった。それが実現するならば自民党が分裂しても構わない。この点でも小泉と中川の考えは一致する。否、中川にとって表舞台に復帰するためには、こうした展開しかない。それゆえに、恩人の森を怒らせてもなお、党内に波風を立て、政界を「大乱世」にしようと動き回ったのだ。

慶應義塾大学の学生時代に代議士の娘と付き合って結婚、婿養子に入って衆院選に出馬した中川が初当選の時に所属していたのは「新自由クラブ」だった。細川内閣当時は、政治改革推進派として自民党を離党して新党を結成しようと動き回るなど、もともと自民党への愛着は少ない。

権力への執着心、豊富な人脈と資金力、柔軟な思考、どこから見ても中川は今の政界で一、二

小池百合子を担いで臨んだ２００８年自民党総裁選での中川秀直

を争う存在だ。だが、足元の町村派の議員からも、付き合いのある民主党議員からも、いまひとつ人望がないのも、また事実だ。
　それは、中川が改革を唱えながらもいざとなると政策より政局優先で、改革路線に否定的な勢力とも手を組む「権謀術数家」と見られているからだ。
　政界「大乱世」が本当に到来した時、中川が主役になれるかどうか。それはこうした見方を払拭できるかどうかにかかっているのかもしれない。

最大派閥にみる自民党政治の断末魔

「今、幹事長に総裁選をセットするようお願いしたところだ」

二〇〇八年九月一日午後六時、福田から首相執務室に来るよう呼ばれた官房長官の町村信孝は、来客対応などで十分ほど遅れて部屋に入った。傍らには険しい表情で押し黙ったままの麻生太郎がいた。一瞬、何のことかわからず、「え、総裁選?」と聞き返した町村に福田は淡々と説明した。「総理を辞めるんです。だから麻生さんに総裁選をやってくれと言ったんだ」。驚愕した町村は、「なぜ今お辞めになるのか」「人が代わっても国会状況は変わらない」などと慰留を試みた。だが福田の決心は揺るがない。一時間ほどの押し問答の末、諦めた町村と麻生が退出すると福田は政府・与党の要人に電話を入れた。

東京・紀尾井町の料亭で、町村派(=清和会)代表幹事の中川秀直と一緒に、財界人と会食していた森喜朗の携帯電話が鳴ったのは、午後七時二十分頃だった。

「福田です。総理を辞めることにしました」。森は、この年の四月以降、二度にわたり「辞めたい」と漏らす福田をその都度、翻意させてきた。「どうせ長くやるつもりはないから」と内閣改造に消極的だった福田を「たとえ短期間でも自前の内閣を作るべきだ」と説得し、実行させたのも森だった。その森にとってもこの日の電話は唐突で、「ちょっと待て。今からそっちに行くから」と語気を強めた。だが、福田は「もう記者会見もセットした。来られても迷惑です」とにべもなかった。さらに福田は「会見まで誰にも言わないでほしい」と口止めした。森が「今、中川くんも一緒なんだが、どうしたらいい」と尋ねると福田は少し考えた末、「会合の最後に耳打ちしてほしい」と頼んだ。

会合がお開きとなり、財界人たちが帰ると森は中川に電話の中身を伝えた上で「（清和会出身の）安倍、福田と二代続けてうちのグループが党に迷惑をかけることになった。今回は謹慎だぞ」と言い含めた。中川も「そうですね」と原則論では同意した。だが、同時に「若い人たちが派と関係なく動くことは認めてほしい」と抵抗を示した。森が、同じ文教族の後輩で以前から可愛がっている麻生を福田の後継にと考えていることは中川も承知だった。だが、中川は、経済政策などをめぐって反目する麻生を支援することはできないと考えていた。

中川が小池百合子ら「構造改革派」の中から対抗馬を立てるべく裏で仕掛けるのではないか――。中川の反応からそう感じ取った森は「小池なんかが勝手に出るというならそれはいい。だが派閥の動きと受け取られるようなことはダメだぞ」と念押しした。

森がその後、真っ先に電話で連絡を取ったのが、派閥を離れているものの派内に影響力を持つ小泉純一郎だった。中川が動くとすれば、小泉に支援を求めるに違いない。小泉は森の反対を押し切って、自らの政権で小池を閣僚に起用し、引き立てた。派内では新参者で人気のない小池だが、小泉が公然と支援すれば影響は大きい。果たして、森が「今回、うちは謹慎だな」と小泉に伝えると「そりゃそうだ。俺も表立って動くつもりはない」と同意した。

翌二日夜九時、森は派閥の幹部たちを東京プリンスホテルの一室に呼び集めた。集まったのは、ともに代表幹事を務める中川と町村、それに前首相の安倍晋三と事務総長の中山成彬。四人を前に森は「うちのグループは二回続けて党に迷惑をかけた。だから今回はグループからの候補擁立を見送りたい。皆も表立った動きは慎んでほしい」と改めて自重を促した。この日午後、中川が小池や塩崎恭久らと相次いで会談。その後、記者団を前に「改革路線を貫徹するため、必ず改革派から候補を立てる」と息巻いていたからだった。会合では、今の派閥を取り巻く状況を考えると、派として推薦候補の一本化は難しいとの認識で一致。今夜の会合は極秘にすると申し合わせて一時間ほどでお開きとなった。だが、会合の存在はその夜のうちに漏れ、翌日の朝刊には「町村派は幹部協議で自主投票を決めた」との記事が出た。この時点で、中川の推す小池の推薦人集めは難航していた。小池が所属する清和会の中堅・若手に声をかけても、森の顔色を窺って首を縦に振らない議員も多かった。清和会が「自主投票」と決まれば、その推薦人集めも楽になる。それで中川ら小池支持派があえてマスコミにリークしたのだった。

これに対して直ちに反撃に出たのが町村だった。「『自主投票』と決めた訳ではないのに、そう報道されると都合の良い人が、リークした。森さんも怒っている」と親しい議員や記者に漏らし、中川をなじった。森も麻生支持派の安倍らに電話をかけ、「漏らしたのは中川くんだ」と怒りをぶちまけた。

森の側近として歩むことで出世の階段を上ってきた中川。その中川が森の意向に反する行動を取るようになったのは、小泉内閣の頃からだ。ただ、森―小泉―安倍―福田と四代続けて清和会から首相を輩出する中で、二人は関係を取り繕ってきた。過去の女性スキャンダルを引きずっている中川が総裁選に名乗りを上げようとしなかったことも、結束を保つ上では好都合だった。

ところが今回は、他派閥の麻生でまとめたいと考える森に対し、中川が清和会所属の小池を担ぎ出し、反旗を翻した。しかも中川は、総裁選で「改革派」を結集し、いずれは彼らと自民党を飛び出して「上げ潮新党」を立ち上げることまで視野に入れる。そんな中川を許せない森は、中川と反目する町村を派閥の後継者にする決意を固める。

小池の立候補表明を受けて九月八日に開かれた清和会の緊急総会は荒れた。中川が「捨て身の小池さんを同志として応援しようという方がいれば私は理解する」と挨拶。傍らに座っていた森の顔はみるみる険しくなり、中川がなお長々と挨拶を続けると、「長いぞ」と声を荒げ、苛立ちを露わにした。その後に立ち上がった森は一人で約四十分も演説した。「私は古い人間だ。これまでの義理人情で麻生さんを支持する」と明言し、町村もこれに沿った話をした。幹部間の対立が鮮明になったことで会場は水を打ったようになった。ポスト福田の総裁選は、この十年近く「我が世の春」を謳歌してきた清和会を事実上の分裂に追い込んだのだ。

だが、派内の議員たちには不思議なほど危機感がなかった。その第一の理由は、もはや派閥が大した意味を持たなくなっているからだ。中選挙区時代は、選挙資金を含め派閥からの支援が議員の生命線だった。だが小選挙区制に変わって十年余り。派閥の機能は弱体化している。それにもう一つ、今のこの派閥独特の理由が重なる。次のリーダーの座をめぐっていがみ合う中川と町村が共に求心力に欠けるため、分裂のエネルギーさえ起きてこないのだ。

中川は、豊富な人脈と資金力などから、今や党内一、二を争う大物だ。派閥の運営資金も中川がその多くを担ってきた。だが、同時にトップを狙う上で大切な資質である人望に欠ける。「構造改革推進」「霞が関解体」を叫ぶ改革派にもかかわらず、改革派の若手議員からの信頼も厚いとは言えない。

一例を挙げれば、山本一太や河野太郎ら若手議員二十人で作る勉強会「プロジェクトＪ（日本復活）」との関係だ。慶應義塾大学教授・竹中平蔵が顧問を務めるこの勉強会は、小泉改革の継続を訴えようと二〇〇七年十月に結成された。まさに中川の主張と軌を一にする。ところが、山本らは、政治家や学者を次々と講師に呼ぶ一方、中川には長い間、声を掛けなかった。〇八年六月、ようやく中川を会合に招いたが、山本は自らのブログで「中川氏の活動と我々は関係ない」「指示を受けることもない」とわざわざ書いている。多くの議員が中川に疑心暗鬼を抱くのは、女性や暴力団絡みの過去のスキャンダルも響いているが、いざとなると政局優先の「権謀術数家」ではないかと見られていることも大きい。

一方の町村だが、頭の切れや実務能力は誰もが認めるものの、官僚臭さが抜けず、やはり人望に欠ける。最近は官房長官の座にあったため、多くの議員が地元からの陳情処理で困ると町村に相談を持ちかけた。無理筋な陳情だからこそ相談しているのに、町村は筋論で「それは無理だな」とすぐに言葉に出してしまうことも多く、議員たちを度々白けさせた。

こんな出来事もあった。〇八年四月一日、中川が夜六時半から赤坂の高級料亭・口悦に派内の三、四回生を集めて懇親会を開いた。これを聞きつけた町村は、同じ日の夜八時に、側近議員を通じ、自らに近い三、四回生の議員七、八人を急きょ、同じ赤坂のＡＮＡインターコンチネンタルホテル東京に召集した。双方の会合に呼ばれた議員たちの多くが平然と二つの会合を掛け持ちしたが、「自分たちの喧嘩に巻き込まないでほしいよ」とのぼやきも漏れた。

そんな二人のさや当てを大半の議員は冷めた目で見ている。資金力では大きく上回る中川とて側近と呼べる議員は三、四人しかいない。

かつてこの派閥では安倍晋太郎の死去に伴い、三塚博と加藤六月の二人が領袖の座をめぐって激突し、派閥は分裂した。その後、三塚派から森派へと代替わりする際にも、亀井静香が二十人余を引き連れて派閥を飛び出した。清和会の歴史は分裂の歴史でもあるのだが、ある中堅議員は「今は分裂の心配などない。なぜなら町村さんにも中川さんにも付いていこうという議員がほとんどいないからだ」と語る。今回の総裁選でも町村は、当初、自ら立候補したいと考えたものの賛同する議員がわずかで、すぐに断念した。

この派閥が大分裂を起こすとすれば、中川が「上げ潮新党」を立ち上げるために離党する時だろう。だが、小池を担いで全力を挙げた総裁選では、派内の中堅・若手から一定の支持は得たものの、森や町村らに切り崩されて惨敗。世間にアピールするよほど大きなきっかけでもなければ、中川一人でかつての小沢一郎のように数十人の議員を束ねて党を飛び出す力はないのが実情だ。

新党結成に動く中川、小沢と気脈を通じる小池

「医者は社会常識が欠落」との発言をはじめ、首相に就任した麻生太郎が一日だけで数々の失言を繰り返した〇八年十一月十九日。この日、最後の問題発言は、郵政民営化に関してだった。「こんなに株価が下がっている時にしゃにむに（国保有の郵政会社株を）売らなくてはいけないって、そんなアホな話があるか」「凍結した方がいいでしょうね」

郵政会社の株式上場は二〇一〇年度以降なのに〇八年中に株式を売却することになっていると勘違いしての麻生発言だったが、トップが「売却凍結」に言及したことは、大きな波紋を呼んだ。

「郵政改革を止めるなら、私を含め改革派は重大決意で対さざるを得ない」「郵政改革を止めることは解散マターだ」

翌々日、自らのホームページでこう戦闘開始を宣言したのは中川秀直だった。その後も中川は「郵政民営化をひっくりかえすのであれば（中略）、今の衆院の（自民党）議席は郵政民営化支持の議席であり、国民にもう一度信を問わなければならない」などと批判を繰り返している。

当時の首相・小泉純一郎の手足となって郵政民営化に尽力した中川。それだけに麻生発言とそれに勢いづく郵政造反組ら党内の民営化見直し論者たちに強く反発するのは当然だと思われるかもしれない。だが、中川がこの問題で激しい麻生批判を展開する理由は、そう単純ではない。中川が「改革」「上げ潮」を旗印にした新党結成を思い描いていることは前述したが、自民党を大きく割って新党を結成するには、改革派対守旧派の党内対立を煽る必要があるからなのだ。中川の眼には、麻生発言がその恰好の材料と映ったに違いない。

二カ月前の自民党総裁選で、小池百合子を担いだものの惨敗し、派内でも非主流派となった中川。総裁選前は自分の事務所のように毎日使っていたグランドプリンスホテル赤坂の派閥事務所からも足が遠のき、派閥の会合には顔は出しても短時間で引き上げることが多くなっていた。

中川の孤立は派内だけにとどまらない。そもそも麻生との関係は最悪で、麻生内閣では中川ら「上げ潮派」「構造改革派」は要職から一掃された。さらに小泉政権の政調会長、安倍政権の幹事長として「改革推進」で突っ走ってきた結果、以前は良好な関係にあった党選対委員長・古賀誠らとの関係も冷えている。中川は党内で「居場所」を失いつつあった。

次期衆院選後に民主党の一部を巻き込んだ新党構想を描いている中川が、実は衆院選を待たず、麻生内閣発足直後に一度は新党結成に動いていたことはほとんど知られていない。

まだ衆院選が十一月三十日に行われると喧伝されていた〇八年十月十四日。中川が個人事務所を構える「ＡＮＡインターコンチネンタルホテル東京」に程近い瀟洒なオフィスビルでは、若手の衆院議員が時間を置いて一人ずつ入っていく姿が目撃されていた。この日から三日間、中川に呼ばれた議員は合計二十人弱。派閥を問わず、選挙基盤が著しく弱い議員、選挙区調整で立候補する選挙区がなくなってしまった議員、それに選挙資金にひどく困っている議員たちだった。

「各種世論調査では、麻生自民党にも小沢民主党にも飽き足らない有権者が圧倒的に多い」「小泉改革を否定する麻生自民党に対し、改革続行を掲げる新党を結成すれば必ず支持が得られ、当選の可能性が広がる」

中川は、若手議員たちに対し、選挙前に自民党を飛び出して一緒に新党を結成しないかと打診した。新政権発足から一カ月も経たない中での中川の行動は、誰も予想していなかっただけに、しばらくの間、党執行部にも派閥幹部たちにも、気付かれることはなかった。

だが、この構想は頓挫する。この時点では麻生内閣はまだ比較的高い支持率を保っていた。それゆえ、議員たちの多くは反旗を翻すことを躊躇った。加えて、中川にとって大きな誤算が生じた。それは小池百合子の裏切りだった。

先の総裁選で中川は、あえて派内では不人気の小池を、小泉改革の後継者と位置付けて担ぎ出した。まずは総裁選で党内の改革勢力を結集する。仮に麻生に負けても、悲劇のヒロインに仕立て上げた小池を表の顔にしつつ、小池を支持した議員たちを引き連れて新党を結成。「真の改革勢力」を標榜して衆院選を戦えば、キャスティングボートを握ることができる程度の議席は確保できる。選挙後は長年、親交を深めてきた民主党の前原誠司らと組んで政界再編を主導し、歴史に名を残すことも可能だ——。中川はこう考えたに違いない。

実際、自民・民主両党の議席数が接近すれば、新党で十議席程度、確保するだけで、中川の思惑通りの展開になっても不思議ではない。

ところが、総裁選が終わると肝心の小池が動かなかった。中川と小池の間でどのようなやり取りが交わされたのかはつまびらかではない。ただ小池は周辺に「（総裁選の結果をみると）中川さんにこれほど力がないとは思わなかった」「いずれチャンスがくる。しばらく静かにしている」と漏らしていた。総裁選が終わって十日余り経った十月初めには、人目を忍んで森の個人事務所を訪問している。総裁選で小池の選挙活動を徹底的に妨害した森にわざわざ挨拶に行くこと自体、「動くつもりはない」との意思表示にほかならなかった。

小池には参加を断られ、側面支援を期待していた小泉純一郎は引退を表明。手詰まりになった中川は当面、新党結成を断念する。十月下旬には親しい民間人に「選挙前の新党結成を目指して若い人たちに声をかけたんだが、思うように集まらなかった。決起は選挙後になる」と打ち明けている。この民間人は「与謝野馨や園田博之、後藤田正純らのグループも新党を模索している。これまでの対立は水に流し、一緒に新党を作ることも考えたらどうか」とアドバイスしたが、中川は明確な返事を避けたという。

実は、総裁選の敗北後、小池が中川の誘いに乗らなかった理由は別にあったのだとの証言がある。それは民主党代表だった小沢一郎からの極秘の誘いだ。福田との大連立構想が頓挫し、大連立とは決別したはずの小沢だったが、なお諦めた訳ではなかった。福田辞任に伴う自民党総裁選を機会に、再び水面下で自民党側に大連立を持ちかけていたというのだ。候補者の中でその対象になったのは、本命の麻生ではなく、かつて小沢と行動を共にしていた小池だった。九月初め、小沢は小池に「君が当選したら小池総理の下で是非、自民・民主の大連立を実現したい」とささやいたという。同時に小沢は、麻生と距離のある古賀誠ら数人の自民党幹部にもこの話を持ちかけ、中川には古賀から話が持ち込まれたとされる。

結局、麻生に惨敗した小池だが、その後も小沢とは気脈を通じているとの証言もある。今は、大人しくしている小池だが、今後、政界再編機運が盛り上がった時、小沢との関係が生きて、与野党の枠を超えた首相候補に躍り出る可能性も残している。

再編で復権を目指す加藤紘一と亀井静香

二〇〇八年五月十五日。参院議員会館の会議室は衆参両院議員五十五人を含む百人を超える与野党関係者で溢れかえっていた。「無期懲役」より重い「終身刑」の創設を目指す「量刑制度を考える会」の設立総会。その中心に座り、満足気に部屋を見渡していたのが、この会を立ち上げた元自民党幹事長・加藤紘一だ。八年前、森内閣に対して起こした「加藤の乱」の失敗と加藤派の分裂、それに秘書の金銭スキャンダルに伴う議員辞職などが重なり、永田町で加藤は長らく「過去の人」として扱われてきた。本人も再びバッジを付けた後はあえて派閥に復帰せず、一匹狼的な行動を取ってきた。小泉・安倍両政権時代は、党内で真正面から政府批判をする数少ない有力者だったため、マスコミからは重宝されたが、所詮は「優秀な評論家」に過ぎなかった。

その加藤が、福田政権の頃から動きをにわかに活発化させていた。超党派の議連を次々と発足させ、与野党を問わずあまたの議員たちと交流を深める場面が増えていた。

中でも注目を集めたのが、民主党元政調会長の仙谷由人らと発足させた超党派勉強会「ラーの会」だ。加藤と共に韓国を訪問したメンバーが中心となって発足させた外交・安全保障をテーマにした勉強会だが、四月一日に開かれた第一回勉強会には六十七人もの議員が参加。ほおを紅潮させた加藤は「中国・韓国などアジアとの関係が重要だ」と力説した。

「加藤の乱」からすでに八年経ったが、福田康夫よりは四歳若い。「ラーの会」や「量刑制度を考える会」の発足にあたっては、かつて「ＹＫＫ」（山崎拓、加藤、小泉純一郎）グループで親交のあった町村派や山崎派の中堅議員らにも直接、電話をして参加を要請した。その結果、予想を超える議員が集まったことに強い手応えを感じ取った。周囲には「評論家はもうやめた。これからは現場復帰だ」と宣言。若手議員を誘って小規模な勉強会も頻繁に開く。永田町では「リベラル勢力の結集」を旗印に政界再編への布石を打ち始めたとささやかれた。

だが、派閥会長を辞してすでに六年。金銭スキャンダルの過去もあって加藤を首相に担ごうという機運は自民党内にはほとんどない。自民党総裁選を経て首相というコースは夢物語だ。中川秀直が自民党総裁選に立候補するのではなく、政界再編によってトップの座を目指していることを先に紹介したが、加藤も似たような立場に立っていた。

福田政権の行き詰まりが明確になってきていた二〇〇九年三月、その加藤が、自民党前副総裁の山崎拓、国民新党代表代行の亀井静香、民主党代表代行の菅直人と会食した。場所は亀井の馴染みの赤坂の料亭・外松。まず加藤と亀井が相談し、加藤が山崎を、亀井が菅をそれぞれ誘ってセットした会合だった。四人は、かつての「YKK」をもじって、この会を「3KY」と命名。定期的に意見交換をすることになった。

実際、四人は、その後、時には他の政治家を交えて月一回程度、会合を重ねた。いずれも小泉内閣が発足した頃までは第一線で活躍していたものの、様々な理由で力を失った面々だ。政界での立場や思惑は異なるものの、政界再編をきっかけに再び政治の表舞台に復帰しようと結成したのがこの「3KY」なのだ。

ある日の会合では、こんな会話が交わされた。亀井が「ここにいる四人のうち菅と加藤の二人は首相候補だ。衆院選後はどちらも首相になる可能性がある。山崎さん、あんたは女性問題があるから無理だけどな」と冗談めかして政局談義の口火を切った。すると菅が「次の衆院選で自民党大敗は間違いない。その時は、二人とも自民党を割って飛び出せばいい」と加藤と山崎を口説いた。すかさず亀井が加藤に向かって「あんたは自民党にいる限り、総理大臣にはなれない。総理を狙うなら自民党を出るしかないぞ」と畳み掛けた。加藤は「わかってる」とばかり、深く肯いたという。

加藤と亀井が狙っていたシナリオとはどのようなものなのか。次の衆院選は自民党にとって逆風になることは間違いない。だが、一方で自民党の底力は侮れない。今の三百四議席から大幅に議席を減らしても二百二十議席前後は確保して第一党の座を守る可能性はある。そうなると公明党と合わせて今の与党がぎりぎり過半数を維持することになる。その時は、民主党がバラバラになって参院側の与野党逆転現象も解消するというのが、永田町の一般的な見方だ。だが、加藤や亀井の見解はまったく逆だ。衆院選で自民が二百二十議席前後まで落ち込むということは、民主が今より百議席近く増やして二百議席余に大躍進することを意味する。マスコミは「自民大苦戦、民主大躍進」と書き立てるだろう。そんな世論の中で、あえて民主党から飛び出して大幅に議席を減らした自民党に協力する輩が現れるとは考え難く、選挙後も衆参の「ねじれ状態」は解消されない。与党は、衆院で再議決ができる三分の二の議席を失うだけで、国政は選挙前より更に停滞するだろう。

その時、野党側が繰り出す一手が自民党の分断工作だ。民主党側が、首班指名で加藤を首相に担ぐことを約束。それに呼応して加藤や山崎が自民党議員を二十人も連れて野党側に寝返れば、共産党を除く野党共闘で「加藤首相」が実現。参院は既に野党が多数を握っているため、参院のねじれも解消するという計算だ。この構想が絵空事だと片付けられないのは、加藤・山崎の二人と民主党内の小沢・反小沢双方の有力者が接触し、互いに一定の理解に達しているからだ。

「３ＫＹ」の三回目の会合が開かれた二〇〇八年五月二十九日夜。料亭で加藤や菅らと別れた亀井は、その足で近くのホテルに向かった。ホテル内のバーの個室で待っていたのは民主党代表（当時）の小沢一郎だった。二人は、次期衆院選の選挙協力について協議した。亀井は民主党の衆院選マニフェスト＝選挙公約に、郵政民営化の見直しを盛り込むよう要請。党内に反対意見が根強いことから当初は慎重だった小沢も、亀井の強い要請に押され、結局これを受け入れた。

二人は今後の政局についても意見交換を行っている。結論から言えば、衆院選で、共産党を除く野党が過半数を獲得できない場合は、自民党内の有力者を首相に担いで自民党を分裂させるしかないという認識で一致。さらに、その時の有力候補の一人が加藤紘一だという点にも、小沢は賛意を示していた。

一方の加藤だが、「ラーの会」などで仙谷や枝野ら民主党の反小沢グループと交流を深める一方で、この年の初め頃、小沢とも極秘でサシの会談を行っていた。さらに小沢に山崎と亀井を加えた四人での会談も、〇八年中に二度、行われた。このうち十月中旬の会合で小沢は、衆院選後の状況によっては、加藤を首相に担ぐ選択肢もあると直接、伝えた上で、次のようにけしかけたという。

「『加藤首相』の実現には（加藤と山崎の）お二人が選挙後に自民党から出てきても駄目だ。自民党から二十人、三十人連れて来いとは言わない。五人でも十人でもいいから衆院選の前、できれば年内に自民党を離党して新党を結成してほしい。そうすれば加藤さん、山崎さんを含め、離党組の選挙区の民主党候補は降ろすことを考えたい」

自民党の底力は侮りがたい。小沢にしてみれば、賞味期限の切れた二人とはいえ、幹事長経験者が離党すれば、自民党に大打撃を与え、今後の戦いを有利に進めることができると計算したのだ。これに対し、加藤は前向きに検討する考えを示したという。

話を小沢と亀井の会談に戻そう。選挙公約に郵政民営化見直しを入れるという亀井の要求を小沢が受け入れた背景には、今後の国会運営や選挙を睨んだ冷静な計算があった。

小泉改革によって弱体化した各種業界団体だが、全国特定郵便局長会（現在の全国郵便局長会）＝全特だけは特別な存在だ。皮肉にも郵政民営化によって国家公務員の身分から外れた郵便局長らは、選挙活動の制約から自由になった。これまでのように選挙運動をOBや家族に頼る必要はなくなったのだ。一頃の勢いは無いとはいえ、全国でなお三十〜四十万の集票力を誇っている全特は、制約が外れたことによって五十万以上の票が見込めると言われる。しかも、郵政民営化の見直しを旗印に、単一労組としては国内最大の労組・JP労組とも共闘を進める。次の衆院選は、郵政民営化の見直しを実現させる最後のチャンスともいえ、全特の集票力は一層アップすることが見込まれる。全特と労組を合わせた「郵政票」は、百万票以上との見方もある。小沢が、党内の反対を押し切ってでも、あえてマニフェストに郵政民営化見直しを盛り込むことにしたのは、この票がほしいからだ。全特は選挙で国民新党を全面的に支援するが、国民新党の候補者がいない選挙区では民主党候補を支援するとの約束を全特から取り付けられれば、かなりの意味を持つ。

小沢の約束を取り付けた亀井は、六月五日の国民新党の大会でさっそく吼えた。会場となった東京・紀尾井町のホテルニューオータニの大宴会場には六千人を超える参加者が詰め掛け、身動きが取れないほどだったが、その約半数は郵政関係者だった。

「小沢一郎に談判して郵政の見直しを必ずやると約束させた。男と男の約束だ。郵政民営化を推進したのは自民党。国民新党にはその自民党に戻りたいと考えている議員は一人もいない」。亀井は、挨拶の大半を郵政民営化見直しに費やした。

この挨拶でもわかるように、小沢が亀井の要求を飲んだのには、もう一つ大きな理由があった。国民新党では野党共闘を重視する亀井に対し、代表の綿貫民輔は、自民党で同期当選の元首相・森喜朗らからの誘いもあり、自民・民主両党の間で腰が定まらない。だが、立党の原点である郵政民営化で民主党が同一歩調を取ることを約束すれば、綿貫も腹を括らざるをえない。自民党による国民新党の取り込み作戦を防ぐことができるのだ。

仮に民主党が次期衆院選で単独過半数を獲得しても、参院で国民新党や社民党の協力が得られなければ、政権運営はままならず、逆のねじれ状態が生まれるだけだ。そのため、参院での多数を維持することが、今後の政界で主導権を握るための絶対条件だ。それゆえ、小沢は国民新党に気を使い、亀井はその立場を上手く使って大政党を振り回す。

かつて自民党が野党だった一時期、当時の連立与党の切り崩し工作の先頭に立ち、最後に自民・社会・さきがけ三党の村山連立政権を実現させた実績を持つ亀井。今度は当時の敵だった小沢と組んで再び表舞台に立つことができるのか。注目すべき存在になりつつある。

政界再編は「次の次」なのか

麻生内閣の支持率低下と比例するように、自民党内の再編を志向する勢力は再び活動を活発化させた。だが、一九九三年、小沢一郎が四十人余を率いて自民党を離党、同時に武村正義や鳩山由紀夫ら当時の若手議員十人も集団離党して新党を結成した時のような大きな動きが今年中に起きる確率は決して高いとは言えない。

その最大のネックは選挙制度だ。当時の中選挙区制では、選挙運動は個人後援会が中心で、しかも有権者の二割程度の票を集めれば当選できた。このため、無所属や小政党でも勝ち上がることが比較的容易で、党を飛び出すためのハードルはさほど高くはなかった。ところが、一選挙区で一人を選ぶ小選挙区制では政党対政党の戦いとなり、大政党の公認候補以外は埋没しがちだ。それゆえ、よほど自分の選挙に自信があるか、あるいは新党の党首が国民から絶大な支持を集めて自分の当選可能性が高まることが見通せなければ、大政党を飛び出す決断はできない。いかにマスコミが煽ってみても、結局のところ個々の議員は自分が当選するのに有利か否かで最終判断する。小選挙区制は、政界再編を抑制する装置となっているのだ。

それに、そもそも政界再編につながる離党などの動きは、選挙の具体的日程が決まらなければ大きなうねりにはなり得ない。十六年前の小沢や武村の離党も解散後だった。だが、今はその時期が見えず、政界再編待望組も動き難いのだ。

ただ、選挙が近づき、自民党で選挙をするより、新党で戦った方がましだとなれば、自民党からの離党組が新党を立ち上げる可能性はある。その後、仮に衆院選で与野党の勢力が拮抗した場合は自民・民主双方から離党者が相次いで、新党が続々と誕生する可能性も出てくる。

麻生政権下で、再編に向けて最も派手な動きをしたのが元行革相・渡辺喜美だった。渡辺も参加する「速やかな政策実現を求める有志議員の会」（通称「速やか議連」）は、二〇〇八年十一月に結成され、麻生が先送りを決めた第二次補正予算案の臨時国会への提出を官邸に突きつけて注目を集めた。渡辺が新党結成の可能性に繰り返し言及。町村派の二年生議員である柴山昌彦が議連の会合で「我々の提言を（執行部が）飲まないなら、（野党が提出する）内閣不信任案賛成までやるのか」と発言したこともあり、この議連が再編の一つの核になるのではとの見方も出た。実際、議連に参加する若手議員の中には再編志向の議員も少なくなかった。渡辺は、秋の臨時国会で民主党提出の「衆院解散決議案」に賛成、一人で「造反」に踏み切った。さらに、その渡辺が、造反の前に小沢一郎側近の平野貞夫や山岡賢次と接触していたことや、造反翌日に元幹事長・中川秀直との間で、連携を確認していたことが判明。それまで「一匹狼で仲間もいない」「（タレントの名前に擬えて）まさに『劇団ひとり』だ」と突き放していた党執行部も警戒を強めた。

だが「新党」となると現実は厳しい。十二月に入った頃、渡辺は党内の複数の中堅・若手議員に一緒に離党しようと声をかけた。無所属の江田憲司とは既に新党結成で合意していた。あと三人集まれば現職議員五人という政党要件を満たす。そのため、渡辺は年末には新党を立ち上げるつもりだったのだ。だが、幹事長・細田博之の「離党したって選挙で刺客を送られるだけ」との恫喝発言もあって、その三人すら集まらずに断念。渡辺は一月十三日、たった一人で離党した。

こうした状況は、大物である中川とて同じだ。民主党副代表の前原誠司らと頻繁に接触を重ね、「民意は、改革派が与野党から出てきてやるような、政界全体がひっくりかえるような再編を望んでいる」と公言する中川は、先に述べたように麻生政権発足直後、密かに新党結成を模索した。中川は、二〇〇六年度に国会議員中トップの3億5000万円余の政治資金を集めるなど資金力は抜群で、若手のカネの面倒も見てきたのだが、それでも中川から声を掛けられた議員たちは軒並み離党を躊躇。その後も中川は、政策が近い中堅議員らに新党結成を打診したものの反応は鈍かった。しばらくは水面下で兵を養う方針に転換した中川だが、二〇〇九年度予算案の関連法案である税制改正法案の付則に三年後の消費税率引き上げを盛り込むという麻生の方針に強い異論を唱えるなど、隙あらば党内の不協和音を増幅させようと狙う。だが、一方で党執行部や麻生支持派は中川への警戒を強め、締め付けも厳しさを増している。

二〇〇八年十二月十七日夜、赤坂の加賀料理屋「浅田」で開かれた清和会の参院議員による「清風会」の忘年会。派閥の最高顧問である森喜朗と、代表幹事である中川と町村信孝の三人もゲストとして招かれていた。宴会開始から五十分ほどが経ち、遅れていた森と町村が相次いで姿を現すと、冒頭から参加していた中川はやおら「次があるので」と腰を上げた。森は、中川が退席した後に挨拶に立ち、「皆で作った麻生政権なのに三カ月も経たないうちに党内で足を引っ張る動きが出ているとはどうしたことか。それも閣僚経験者がやっているのは許しがたい」と時に声を荒げながら二十分もの長広舌をぶった。森が固有名詞を挙げて批判したのは塩崎と渡辺だった。だが、これを聞いていた二十人余の参院議員たちは「これは中川批判だな」と受け止めた。

一方、途中退席した中川が向かったのは、東京プリンスホテルで開かれていた超派閥の「小池百合子を囲む会」の忘年会だった。昨年九月の総裁選に出馬した小池は、大方の予想を上回る四十六票を獲得。その時、小池に投票した中川や武部勤、それに佐藤ゆかりや山本一太らで「囲む会」を作っている。この日、参加した議員は二十人もいなかったが、中川は日付が変わる頃までカラオケに付き合った。もはや中川にとって派閥よりもこの会の若手議員たちが頼りなのだ。

十二月二十四日には、自民党本部で中川が主宰する「生活安心保障勉強会」の初会合が開かれた。だが、参加者は二週間前の設立準備会から半減していた。森や町村らが、参加を控えるよう引き締めを図った結果だった。同日夜には、森や町村、それに元首相の安倍晋三や幹事長の細田ら派閥幹部が集まった。そこでは造反した渡辺の処分が話題となり、動揺が広がらないよう派内を引き締めていくことを確認したが、この席に中川は呼ばれていなかった。

政界再編を目指す自民党内の有力者のうち、加藤紘一は、やはり〇八年の年末に新党を結成しようと、何人かの中堅・若手議員に声をかけたという。小沢一郎との約束を果たそうとしたの

“一匹狼”で離党を決断した渡辺喜美

だ。だが、賛同者は得られず、断念した。政界再編の中で首相の座に就く最後の望みを抱く加藤だが、九年前の「加藤の乱」の失敗の後、派閥からも長く離れており、かつての力は失われている。それに盟友の山崎拓が、地元の創価学会幹部から「自民党を出るのなら応援できない」と脅され、当面、政界再編の動きを断念してしまったことも大きな痛手だった。

こうした状況に中川、加藤の二人は〇九年の正月、奇しくも同じような政局の見通しを示した。中川は「この一、二年で総選挙は二回あると思う。次は小沢政権になるだろうが、小沢さんの『大きすぎる政府』路線では（民主党に）遠心力が働く。だから二回目の総選挙の前が本当の政界再編の動きになる」と漏らし、加藤も「この二、三年の間に衆院選は二、三回ある。その間に、しっかりとした『政策の旗』を作って数年後の本格再編に備えたい」と語る。つまり、二人とも次の衆院選前後の新党結成は困難になったと感じているのだ。

小さな政府を目指すのか、それとも福祉重視で比較的大きな政府を容認するのかなど、経済政策でも外交・安保政策でも同じ考えの議員は自民・民主両党に混在する。その「ねじれ」を解消して真の二大政党制にするには、一度「ガラガラポン」の政界大再編が必要だと多くの政治家が感じている。だが、現状を冷静に分析すれば、それに向けた道のりはなお遠いと言わざるを得ない。

分裂も結束もできない派閥が示す自民党の落日

自民党町村派（＝清和会）は二〇〇九年二月五日の総会で、複数の代表世話人による集団指導体制を廃止し、代表世話人の一人だった町村信孝を会長に昇格させる人事を正式に決めた。麻生支持派の最高顧問・森喜朗が、首相批判を繰り返してきたもう一人の代表世話人・中川秀直を強引に「降格処分」にしたのだ。中川は幹事長まで務めた大物。かつての自民党であれば、手勢を率いて新派閥結成に動く場面だが、今のところその気配はない。そのパワーに欠けているのだ。

森の側近として出世の階段を上ってきた中川だが、小泉政権下では小泉に忠勤を励み、森との距離を徐々に広げていった。〇八年六月には派内に持論である「上げ潮路線」の勉強会を作り、「派中派は認めない」とする森の怒りを買った。同年の総裁選では、麻生支持を表明した森に対し、元防衛相・小池百合子を担いで対抗。二人が町村派内の票を奪い合う形となり、対立が深まっていた。総裁選の直後、派閥事務所で顔を合わせた二人の間でこんなやり取りが交わされた。

中川「三人の代表世話人による派の運営は不自然だ。一つの会社に社長は三人もいらないという意見が出ています」

森「それは君の考えなのか」

中川「いや若い人たちが皆言っている」

森「君一人で町村も参院側も含めてまとめていけるのか。俺は派閥を辞めるぞ」

実はこの時点で、森はすでに中川を「降格」させる腹を固めていた。その頃、麻生は十月中に解散すると見られていた。それゆえ、森は衆院選が終わった時点で、町村を会長に昇格させ、中川は他のベテラン議員と同格の役職に格下げし、同時に若手に人望のある元首相・安倍晋三を最高顧問に据えて自分は派閥を離れるとの構想を持っていた。そして安倍にはこれを内々説明し、「町村を支えてくれ。君にはまた（再登板の）チャンスが来る」と頼んでいた。

衆院選が先送りになったとはいえ、森が体制の見直しを選挙前に早めたのには理由があった。それは中川の秘密工作だった。中川は麻生政権発足直後に一部の中堅・若手議員に新党結成を持ちかけた。それは頓挫したが、その後も郵政民営化や消費税の問題で麻生批判を展開。同時に、〇八年暮れから年明けにかけて派内の若手議員を次々とサシでの食事に誘い、その際、少なくとも数人には政治資金を渡していた。これが森の警戒心に火をつけたのだ。

清和会を八十八人もの議員を擁する最大派閥に育てた森。だが、首相を辞めて既に八年、若手議員たちと接することも少なくなっている。衆院に小選挙区制が導入されて派閥の結束力が弱まっていることもあり、森の「鶴の一声」で派全体がまとまるような時代ではない。それをわかっている森がこの局面で重視したのが、「親麻生」で若手に影響力を持つ安倍の存在だった。

安倍は、一月二十七日、イラク訪問を前に立ち寄ったサウジアラビアで、同行した五人の政治記者たちと懇談。「清和会の三人体制は不自然との議論がある」として町村を中心とした体制に移行させるべきだとの考えを表明した。森と町村に依頼されての発言だった。安倍のアシストで話はスムーズに進むかに見えた。

ところが、二月二日、この問題を最終的に話し合うため、森、町村、安倍の三人が都内のホテルに集まった時に異変が起きた。森が「今週の派閥総会で人事に決着を付ける。集団指導体制の見直しはもともと中川が言い出したことだ」と了解を求めたのに対し、安倍が一転して慎重論を唱えたのだ。「若手の間には体制見直しに反対論もある。中川さんも最近は麻生支持を明言しており、見直しは先送りしたほうがいい」。安倍はこう主張し、森との議論は平行線を辿った。

山本一太や柴山昌彦をはじめとする中川に近い若手議員には、安倍シンパも多く含まれる。安倍が直前になって慎重論に傾いた背景には、こうした若手議員から「拙速な体制見直しは止めてほしい」と要請されたこともあった。だが、理由はそれだけではなかった。

安倍があえて先陣を切って派閥の体制見直しを表明したのは、町村から「若手に人望のある安倍さんが頼りだ」と繰り返し頼まれたからだった。ところが帰国した安倍は、若手議員からの電話に驚く。「町村さんは我々に『体制の見直しは私が言い出したのではない。安倍さんが勝手に言っているだけだ』と説明している。本当ですか」。町村が体裁を取り繕うため、若手議員につい漏らした言葉に過ぎなかったが、この軽率な発言で町村は安倍の不信感を買ったのだ。

一方の中川は、側近の杉浦正健や山本拓らを呼び出し、赤坂議員宿舎の衛藤征士郎の部屋で連日のように深夜まで派内情勢の検討会議を開いた。そして若手議員たちに電話をかけ、体制の見直しに反対するよう求めた。派閥総会では案の定、山本一太、世耕弘成ら安倍に近い議員たちが次々と立ち上がって町村への一本化に異を唱えた。だが、最後になって安倍自身が「これ以上問題を引き延ばすとお家騒動と言われてしまう。終わりにしよう」と発言。議論に終止符を打った。苦渋の選択を迫られた安倍だったが、派閥での地位固めを復権への足がかりにしたいと考え、最後は森―町村ラインに同調したのだ。

一方の中川は、派閥総会の直後には記者団に対し、「(今後のことは)同志と相談する」と答え、派閥離脱もあり得ることを匂わせていた。だが、その後、自身に近い中堅・若手議員たちからも「一緒に派閥を出ましょう」との声は上がらず、身動きがとれなかった。

その日の夜は派内の一年生議員たちと、翌日には二年生議員たちと会食した中川は、「今後、私がどう行動したらいいか、思うところを言ってみてくれ」と一人ひとりに発言を促した。だが、若手議員たちから出てきたのは「今後も派閥にとどまって我々の面倒を見てほしい。町村さんとも仲良くして派の結束を保ってもらいたい」といった意見ばかり。中川が期待した新派閥旗揚げを求める声は出なかったため、中川は今後も派閥にとどまる意向を示した。総会で中川の応援演説をした若手たちも、資金援助を受けた義理を返したに過ぎなかったのだ。

福田赳夫が創設し、安倍晋太郎―三塚博―森喜朗と続いてきた清和会は、分裂の歴史でもある。「ポスト安倍」では加藤六月が十人余を引き連れて離脱。その後も、亀井静香が二十人余を率いて新派閥を結成するなど分裂を繰り返してきた。そもそも「改革派」で政界再編が持論の中川のことだ。かつて小沢一郎が竹下登に反旗を翻して新派閥を結成、その後、離党して新党を作ったのと同じ行動パターンを取っても不思議ではない。長年、行動を共にしてきた森に反旗を翻したところまでは小沢にそっくりだ。だが今のところ、そうした動きが起きていないことは、自民党にかつてのようなエネルギーが失われていることの証左でもある。

一昔前の自民党には、大勢の議員を引き付ける魅力的な大物が何人もいた。だが、今回の清和会内紛の主役である中川や町村には「とことん付いていこうという議員はほとんどいない」(中堅)という。それは何も清和会に限ったことではない。首相としての「資質」が問われる麻生を引きずり降ろす動きが広がらないのも「ポスト麻生」に人材が払底していることが大きい。分裂も結束もできない最大派閥の現状は、政権政党としてのエネルギーを失った今の自民党を象徴しているのだ。

第六章

窮地の民主、反転攻勢

「小沢降ろし」に苦悶

西松建設の違法献金事件で民主党代表・小沢一郎は、秘書が逮捕、起訴された後も代表の座に居座り、各種選挙に深刻な影響が出始めた。捜査が経産相・二階俊博周辺にも延びるとの見通しが強まっても小沢に辞める気配は見えず、党内には「先に二階が大臣を辞めれば民主党は大打撃だ」との苛立ちが募り、与党側によほどの失点でもなければ、小沢は衆院選までには辞めざるを得ないとの見方が拡大。その時の後継者選びのキーワードは、「世代交代阻止」だった。

「この際、代表を退かれた方が小沢さん自身のためにもいいのではないか。辞任後は選対本部長として選挙を仕切ってもらいたい」

二〇〇九年三月二十日夜、地下鉄・赤坂見附駅から程近い雑居ビルの中にある割烹料理店で、民主党代表代行の菅直人は、小沢に正面から辞任を促した。この日は菅の呼びかけで、幹事長の鳩山由紀夫を交えた三人だけで、事件発覚後、初めて酒を飲んでいた。

食事の間、菅は東京を中心に全国の選挙区情勢を延々と説明していたが、一通り報告が終わると、自らが代表だった五年前、国民年金の未加入問題で辞任に追い込まれた経緯について話し始めた。この時の菅の問題は、社会保険庁のミスに過ぎなかったことが後に証明されている。それでも当時は「辞めろコール」に抗し切れなかったことを引き合いに出し、「世論は簡単には変えられない。今回も一度リセットする必要がある」として小沢に辞任を促したのだ。傍らの鳩山は、突然の菅の発言に驚いた様子で押し黙ったままだったという。

三役の中から初めて出てきた辞任要求。菅の直言に小沢は「ありがとう」と応じたが、辞任については直接、返事をしなかった。そして、「これから事務所の説明を受けなければならないので先に失礼する」と言い残し、最後のソバが供されるのを待たずに、二人を残して店を後にした。

その四日後、小沢の公設第一秘書・大久保隆規が起訴された。この日の夜、菅は再び小沢と談判に及んだ。三役会議の直前、鳩山や参院議員会長の輿石東を外に待たせたまま、小沢と二人だけで部屋にこもり、「代表を続けるかどうか、いま結論を出すのは早い」と続投方針に異を唱えたのだ。だが、小沢はこの後の常任幹事会や役員会で続投を表明し、了承された。

その菅よりも前に、小沢に辞任を促した議員がいる。国民新党代表代行の亀井静香だ。小沢と亀井は、大久保が逮捕された直後から頻繁に電話で連絡を取り合ってきた。亀井が警察官僚出身で汚職事件を指揮したこともあるため、小沢が亀井のアドバイスを聞こうと、しきりと電話をかけたのだ。

前回の「郵政解散」で自民党から追い出された亀井にとって、次の衆院選は何としても自民党を野党に追い込まなければならない復讐戦だ。それゆえ亀井は、大久保の逮捕から数日後、世論が小沢に厳しいことが明らかになった時点で、小沢に辞任を促した。

「政権交代ができなければ何にもならない。余力があるうちに代表を譲るという選択肢も考えた方がいい」

こう促した亀井に対し、当初は小沢も「そうかもしれない」と応じ、どのタイミングで辞めるべきかを探る考えを伝えていた。

ところが、その週末頃から、小沢周辺から発信される情報は強気一辺倒に変わる。政治資金規正法違反という形式犯、しかも収支報告書に記載されている表のカネの出所を巡る問題で、次期首相最有力候補の秘書が逮捕されるという異例の事件。それだけに当初は「検察は、贈収賄や斡旋利得などの重大事件に発展させる証拠を持っている」とささやかれていた。ところが、逮捕して十日も経つと、実は検察には何も手持ちの材料はなく、大久保の規正法違反を立件するだけでも四苦八苦していることが明らかになってきた。

しかも、各種世論調査では「小沢は代表を辞任すべきだ」との意見が七割近くに上るものの、民主党の支持率低下は数ポイントに留まっていた。同時に米コロンビア大学教授のジェラルド・カーティスら多くの識者が検察批判を始めたことも小沢には追い風となった。

それ以上に小沢の判断に影響を与えたのが、今なお裁判で東京地検と争っている新党大地代表・鈴木宗男のアドバイスだった。菅が小沢に辞任を促す前日の三月十九日、小沢は滞在先の八重洲富士屋ホテルで鈴木の訪問を受けている。

「最近の検察は『池に落ちた犬はとことん叩け』なんだ。社民党の辻元清美は衆院議員を辞職したら（秘書給与の流用で）逮捕されてしまった。あなたも代表を辞めたら検察は何をやってくるかわからない。捜査の終結を見極める必要がある」

鈴木は小沢に続投するよう勧めた。このアドバイスで、小沢は検察が捜査終結を宣言するまでは辞めないとの意向をいったんは固めたと言われている。

だが、副代表の前原誠司が「たとえ秘書が無罪になっても、一社から常識を超えた多額の献金をもらっていたのは事実で、道義的責任は残る」と批判するように、民主党議員の大多数が「このままでは小沢と一緒に党が沈没する」と危惧していた。

三月三十日昼、「小沢続投支持」を強く打ち出していた副代表の石井一、参院議運委員長の西岡武夫、元参院議員の平野貞夫ら小沢側近グループが都内のホテルに密かに集まったが、その席ですら「仮に小沢が辞任を決断した場合はそれを尊重する」との方針を確認している。

四月に入って最初の週末、検察の捜査が二階周辺に迫っているとの情報を聞きつけた亀井は、複数の小沢周辺に電話をかけ、小沢に早期の決断を促すよう求めた。

「このまま小沢が代表に留まる一方で、二階が経産相をさっさと辞任したら、民主党は大打撃を受けるぞ。小沢も影響力を維持したまま辞めることができなくなってしまう」

だが小沢は様子見の姿勢を変えなかった。

代表就任から満三年にあたる四月七日、記者会見した小沢は、秘書が逮捕されて以降の「低姿勢な小沢」ではなかった。検察の捜査が二階周辺に及んだ場合の自らの進退を問われると苛立たしげな表情で「それは筋道が変な話。党の皆さんから（続投の）了承を頂いたばかりであり、目標に向かって頑張って行きたい」と語気を強めた。

ただ、代表の座にしがみ付いて衆院選に負ければ元も子もないことは、小沢自身が一番わかっており、周辺にもそうした認識を漏らしていた。「最も影響力を残して辞めることができるのはいつか」「自分が先に辞任カードを切ってしまって、選挙直前に自民党が麻生を交代させてきたらどうするか」。最終的には選挙前に辞めることになる――。小沢に近い議員たちの多くもそう考え始めていた。

岡田を警戒した小沢

それでは、小沢がやめた場合の後任は誰か。マスコミ報道では早くから副代表の岡田克也が最有力だと言われてきた。

前回の「郵政解散」で小泉自民党に歴史的敗北を喫して代表を辞した岡田。それから三年余り、岡田はその時に落選した元議員全員の選挙区を二回ずつ「お詫び行脚」するなど地道に汗を流してきた。もともと「原理主義者」と揶揄されるほど堅物でクリーンなイメージがあり、違法献金事件の後の代表にはうってつけだ。

思想的にもタカ派から教条的な護憲派までいる寄り合い所帯の中でほぼ中間に位置する。だが、昨年の代表選では、党内に待望論があり、自らも月刊文藝春秋に「小沢さんと私は違う」と題する論文まで発表したものの結局、立候補せず、小沢の無投票三選を決定付けた。

今から十九年前、岡田が初当選した時の自民党幹事長が小沢一郎。当時、権勢を誇った経世会(=旧竹下派)に所属し、「小沢チルドレン」として一年生時代を過ごした。それゆえ「一致結束箱弁当」を標榜し、異論を許さない「経世会文化」の苛烈さも知っている。だからこそ、二〇〇八年の代表選でも最後は出馬を見送り、今回も小沢の居座りに異を唱えなかった。「岡田待望論」は聞き流し、政治改革推進本部長として政治資金規正法の見直しの取りまとめに黙々と取り組む。その姿は、いずれ小沢を含め、党内が一致して自分を代表に推す展開になることを期待しているようにも見える。

だが、小沢は辞めるに際し、自分が影響力を残す体制を構築しようとする。その際、岡田の真面目で頑固な気質は、小沢の「裏支配」の邪魔になる。実際、二人の関係はここ十年ほどギクシャクしてきた。その上、社民党や国民新党からは「小沢と違って岡田は他人の話を聞かないので困る」との声が上がる。仮に民主党が次の衆院選で単独過半数を占めても参院では社民党や国民新党の助けが必要だ。そうした状況下で、民主党の主張を曲げることを極端に嫌う教条的な岡田では不安が大きいとの見方は少なくなかった。しかも岡田が代表になって政権交代が実現すれば、世代交代の歯車が一気に回り出す可能性もあった。つまり、岡田を後継にするしかないという状況に追い込まれない限り、小沢が岡田を後継指名する選択肢はなかったのだ。

残る可能性は、菅直人と鳩山由紀夫だった。小沢は、自分が代表に就任して以来、忠実に自分に仕え、時には泥をかぶる役割も果たしてきた菅を高く評価してきた。もとより舌鋒の鋭さには定評がある。率いる議員グループも比較的結束力が強く、小沢グループと菅グループが組めば、仮に岡田との間で選挙になっても菅が勝つだろう。

だが今回、菅が早期辞任を促したことを小沢サイドは快く思っていなかった。それに菅が市民運動出身で保守層から違和感を持たれていることもあって、政権奪取を狙う「顔」としては不安が拭えないのも確かだった。

残るは鳩山だけだった。今回、鳩山は小沢続投を支持しながらも、大久保逮捕直後のNHK番組で「進退問題が今後浮上しないと言い切るつもりもない」と発言。反小沢勢力にも目配りしながら党の結束を保ってきた。それに民主党結党以来の盟友でライバルでもある菅は、周辺に「今回は鳩山さんと喧嘩しない」と宣言。小沢が鳩山を後継に指名するのであれば、自らは立候補しない考えを示唆していた。小沢と同様、菅にとっても、岡田より鳩山の方が世代交代の歯車を回さずに済むので有り難かったのだ。だが、国民的人気が必ずしも高くない鳩山で衆院選を勝ち抜けるのか。

この三年、小沢の「豪腕」に頼ることで政権獲得の一歩手前までできた民主党。それゆえに今後、小沢が代表を辞めても辞めなくても、民主党の苦しみは大きく、そして深かった。

果たして、小沢は大型連休明けの五月十一日午後、党本部で緊急記者会見し「自ら身を引くことで党の団結を強め、挙党一致をより強固なものにしたい」と述べ、代表を辞任する意向を表明した。民主党は十六日、東京・虎ノ門のホテルオークラで党所属国会議員による代表選を実施。鳩山が岡田を破り、新代表に選出された。鳩山百二十四票、岡田九十五票だった。

去就をめぐって揺れていた小沢が代表辞任を最終決断したのは五月九日だった。この日午前、都内の京セラ事務所。名誉会長の稲盛和夫は、民主党最高顧問の藤井裕久を出迎えた。

「党内ではいま『タイミングを見て自ら身を引くだろう』『早く辞めてほしい』という者を合わせて、小沢代表の辞任論が八割を占めています」

党内情勢を説明した藤井に対し、稲盛は「よくわかりました。これから小沢さんと会って説得します」と応じた。その足で稲盛は小沢と密会する。会談の内容はつまびらかにされていないが、複数の小沢周辺は「稲盛氏との会談で代表辞任を最終決断したのは間違いない」と言い切る。小沢は十日夜「あす辞任を表明する」と鳩山に電話を入れた。

報道各社の世論調査で小沢辞任を求める声が六〇%台から七〇%に迫る状態が続いていた。世論の逆風が全く止まない情勢に加え、衆院の若手、中堅が辞任を求める表だった動きを見せ始めたことも小沢の決断を後押ししたのは間違いない。

稲盛は小沢の精神的支柱と言われるほど親密な関係にある。小沢が代表に三選された二〇〇八年九月の民主党臨時党大会では「私は二大政党による政権交代論者だ。だから、今は民主党を応援しています。民主党が政権を取って、政策を間違えれば、また自民党に戻せば良いのです」とエールを送っている。

藤井は自民党離党以来、小沢と行動を共にしてきた側近。ただ、西松事件で三月に小沢の公設秘書が逮捕されて以来、一貫して代表辞任論を内々に唱えてきた一人で、小沢の知恵袋として知られる元参院議員の平野貞夫らほかの側近や取り巻きと一線を画してきた。いわば、小沢周辺で唯一の撤退論者で、その狙いは早期の辞任で小沢の影響力をできるだけ残すダメージコントロールにあった。

遅きに失したかに見えた辞任だった。だが、辞任からわずか五日後、しかも世論より党内各グループの力学が働きやすい党所属国会議員だけによる代表選に持ち込み、思惑通り鳩山が後継に収まった。小沢は鳩山新執行部体制で選挙担当の筆頭代表代行に収まり「名を捨て実を取った」(周辺)と言える。

「私がすべてをグリップする。異論は実際に仕事をしていただければ、完全に解消する」。鳩山は代表就任後こう強調。「小沢傀儡」への批判と不安の打ち消しに躍起となった。西松事件で説明不足を追及されている小沢の起用には党内の異論が根強かったものの、鳩山は「無役のまま水面下で動かれると、かえって『二重権力』との印象が強まる。与えた役職の範囲内できっちり仕

新たな船出をした鳩山民主党。小沢代表代行（右）による選挙戦術は功を奏するか？

事をこなしてほしい」と判断し、小沢の要職起用を諦めなかった。

党内で最も結束の固い約五十人の小沢グループが代表選で鳩山支持に回った経緯からも小沢を重用せざるを得なかったのは明らか。民主党内では「小沢氏は後継代表を鳩山氏が引き受けることを条件として、辞任を最終決断したのではないか」との見方が今も根強くささやかれている。

小沢は鳩山のことを「寝首をかかない」「うぬぼれることもない」と好意的に見ているようだ。裏返せば「操り人形」とも言えるかもしれない。小沢執行部の幹事長に据えたのも、一定の重みがあり、自らの意のままに動く人物が望ましいと判断したからだろう。旧竹下派全盛期の八〇年代から九〇年代初頭にかけて、「みこしは軽くてパーがいい」と言い放ち、海部俊樹を首相のイスに座らせたり、幹事長に同じ派閥で自由にコントロールできた綿貫民輔を就けたときと同じ図式である。自由党当時、幹事長に起用した藤井裕久も同じ狙いだったが、その藤井の言動が代表辞任の引き金になったのは歴史の皮肉と言えよう。

田中角栄の残像色濃く

小沢は自他共に認める「選挙のプロ」。その源流はどこにあるのか。土俵際で踏ん張り、民主党の選挙戦を指揮することになった小沢の内奥に触れておきたい。

衆院議員を十期つとめた父、佐重喜の長男として生まれ、花巻、北上周辺の選挙区を守る母・みちの後ろ姿を見つめながら育った小沢にとって、選挙は日常の風景だ。体に染み込んだ選挙への強いこだわりは、権力闘争と相似をなす。

「選挙区の一戸ごとの家族構成がすべて頭に入っていた。大げさに言えば、夕飯にどんな物を食べているかまで知っていた」。小沢は母・みちの選挙に賭けた人生を親しい人にたびたび語っている。そして「犬の泣き方で自分を支持してくれているのかどうか判断できるくらい、神経を研ぎ澄ませろ。そうすれば、選挙の集まりでも何%が支持してくれ、支持していない者はどれほどいるのか、それが瞬時にわかるものだ」と心構えを説く。

幼少の頃から、小沢の日常は選挙の中にあった。こうして育った小沢から見れば、風頼みの傾向が強い民主党議員の選挙運動は歯がゆくて仕方がないのだろう。二〇〇七年秋、当時の福田自民党と唐突に「大連立構想」に走った背景でもある。

国会裏手のマンション「チュリス赤坂」にある小沢の個人事務所の机には国政選挙の詳細なデータブックが置かれている。過去の候補別得票が一目でわかる地図形式の一覧票も常時テーブルに用意され、時間があれば線を引きながら分析に余念がないという。

酔うと政治の師だった故・田中角栄との思い出を語るのが常だ。「三万枚の名刺を配らなければ選挙には勝てないと言われたもんだ。『川上に行け』と。川の流れに沿って、上から下に攻め込むんだ、とね」

佐重喜の思い出話はほとんどしない。中学生の途中まで水沢で母、そして二人の姉と育った小沢が父と触れ合った記憶は少ない。小沢にとって角栄は政治家としての父親だった。有名な話だが、長男を三歳で亡くした角栄もまた、小沢をわが子のように可愛がった。小沢は田中が被告席に立ったロッキード事件の全法廷を傍聴している。

「派閥の維持にはカネがかかる。今の政治システムでは派閥の領袖は無理にカネ集めをせざるを得ない」。かつてこう漏らしていた小沢は一方で、角栄の失敗の教訓から「派閥に無駄なカネを配らない」ことを学んだと語っている。

ただ選挙だけは別だ。詳細なデータと分析に基づいて、必要と判断した場所には惜しみなくカネを投入してきた。その小沢も「政治とカネ」で足下をすくわれた。東京地検特捜部に対する抜きがたい不信感。小沢には角栄の残像とも相まって、ロッキード、西松建設という二つの事件が二重写しになっているのかもしれない。

どうして小沢は選挙、その結果としての権力闘争にこれほどまでに執心するのか。ここに小沢を読み解くカギが隠されているのかもしれない。

人間・小沢一郎の内奥には、大きく三つの水脈があり、それらが合流して彼の人格を形づくっていったのではないか。

一つは父・佐重喜に代わり、岩手県水沢で選挙区を耕し続けた母・みちの後ろ姿である。二つ目は都立小石川高校から東京大学受験に二度失敗し、慶應義塾大学経済学部に入学、日本大学大学院で司法試験に二度落ちた蹉跌の連続。そして最後に、角栄と出会い、薫陶を受けたことが小沢の内面と政治行動を決定付けたと思われる。

三つの水脈のうち、小沢が自らのコンプレックスを話すのを聞いた人はいないが、小沢を間近で見た人の多くが共通の印象を受けているのも事実だ。

「コンプレックスの固まり。それが政治家・小沢をここまで大きくしたエネルギーだ」。そう断言する関係者が小沢の心象風景を解説する。

―岩手県から中学生の時に東京へ出てきて、東北なまりが抜けず劣等感を抱く。東大、司法試験と挫折した。ところが、一九六九年、第三十二回衆院選で旧岩手二区から自由民主党公認で立候補し、二十七歳の若さで当選を果たす。この総選挙を党幹事長として指揮したのが田中角栄で、以後「木曜クラブ（田中派）」に所属し、田中の「秘蔵っ子」に。権威、権力を直視した。東大出の官僚群が次々と田中詣でを繰り返す。政治家になるまでは、思い通りに事は進まなかったが、この世界は違う。権力を手中にすれば、人心は付いてくる。負けないためには、戦いに勝たなければならない―

小沢は角栄後も、元首相・竹下登、元自民党副総裁・金丸信の後ろ盾を得て、猛スピードで権力の階段を駆けあがる。一九八九年、第一次海部内閣で幹事長の椅子を射止めたときは若干四十七歳だった。金丸が東京佐川急便事件で逮捕されたことをきっかけにした派閥の後継会長をめぐる政争の末、元首相・羽田孜らと「改革フォーラム21」を旗揚げ。九三年の宮沢内閣不信任案可決を機に離党して新生党を結成し、元衆院議員・細川護熙を首相に担ぎ出し、非自民勢力による連立政権樹立を主導した。

一九九四年には新進党を結成して党幹事長に就任するが、その後解党。自由党をつくり、自自公連立を組んだものの、またも離脱して二〇〇三年に民主党と合併する。〇六年に前原誠司の党代表辞任を受け、菅直人との代表選を経て代表に就任。そして今回の辞任と代表代行就任――。まさに「創造と破壊」の繰り返しだ。それが負の評価につながる。

小沢から離れていった「側近」も少なくない。かつて小沢が画策した自由党と自民党による「保保連合」では、小沢の周りに「政治偏差値」の高い忠臣がそろい、肉厚の「チーム小沢」が情報を収集して分析、戦略立案を担い、政局に対応してきた。自由党時代、小沢の両翼を固めていたのは二階俊博（現経済産業相）と中西啓介（元防衛庁長官・故人）だった。二階の下に野田毅（自民党税制調査会顧問）、参院から扇千景（前参院議長）が連なり、中西の下には藤井裕久（民主党最高顧問）、平野貞夫（元参院議員）がラインを形成し、この二つの翼の下に陣笠議員が連なる構図になっていた。

民主党代表当時、そして代表代行としての小沢はどうだろうか。自由党時代と現在置かれた状況とは著しく異なる。保保連合を目指して一丸となっていたチームは瓦解してしまった。当時の側近の分析が的を射ているので紹介しよう。

「新進党から自由党に至るまで、小沢は解体屋の社長であり、腕のいい職人を抱えた工務店の棟梁でもあった。ところが、民主党という名のスーパーゼネコンの取締役社長となってから自らの威令が末端に届かず、形式に流されがちな取締役会に出席するだけになった。社内には『小沢社長バンザイ軍団』は存在するものの、小沢のために知恵を出して行動する気概が希薄。まるで空白地帯の社長室に小沢一人が悶々として座り、ぬいぐるみを纏っているようだった」

小沢は五月十一日の辞任会見で「総選挙での必勝と政権交代の実現に向け、挙党一致の態勢をより強固にするために、あえてこの身を投げ打ち、民主党代表の職を辞することを決意いたしました」と強調した。行間には民主党のために後ろ髪を引かれる思いで辞めるとの無念さが読み取れる。「社長」の座を鳩山に明け渡して、縦横に動ける選挙担当の実力派「副社長」に就任した小沢が麻生太郎に挑む決戦の日はすぐそこに迫ってきた。

第七章
楽天宰相の危険な賭け

「テポドン空騒ぎ」で浮揚

麻生政権は二〇〇九年三月下旬、「人工衛星」を打ち上げるためとしている北朝鮮のロケットを事実上の長距離弾道ミサイル発射とみて、迎撃準備を整えた。西松建設の巨額献金事件をめぐる民主党代表・小沢一郎の公設秘書逮捕で反転攻勢と色めき立ったのも束の間、経済産業相・二階俊博にも飛び火するとの情報も交錯。内閣支持率がなかなか好転しなかった首相・麻生太郎は、北朝鮮ミサイルの危機対応と外交攻勢で「延命」を図ったが、中国やロシアは無論、同盟国アメリカでさえも日本の強硬な構えに冷めた視線を投げかけていた。

北朝鮮の弾道ミサイル発射の動きを世界で最初に報じたのは二月三日付朝刊の産経新聞だった。日米韓の各メディアが後追いした。北朝鮮は三月十二日、国際海事機関に対し四月四—八日にロケットで人工衛星を打ち上げると正式に通告。一段目が秋田沖の日本海公海上に落ち、二段目と「人工衛星」が東北地方を飛び越えて、二段目が太平洋の公海上に落下するという内容だった。

「麻生内閣は危機をあおって、政権の求心力と支持率のアップを狙っているのではないか」

産経新聞の報道直後、米政府関係者は不快感を隠さなかった。米偵察衛星による画像は高度の軍事機密で、米国の情報は取捨選択されながらも、その大筋は日本と韓国に提供され、参加国で共有されてきた。それが同盟国から漏れることに米政府はこれまでも強い懸念を示している。

国務長官・クリントンは二月十七日に外務省飯倉公館で行われた日米外相会談で「日本政府は軍事機密情報の管理に万全を期してほしい」とくぎを刺した。会談に同席した誰もが北朝鮮の弾道ミサイル発射準備をめぐる日本の報道を念頭に置いていると即座に察知した。この発言は日米関係のすき間風を感じ取らせかねないとの懸念からマスコミには公表されなかった。今も封印されているクリントンの発言には米政府の懸念が凝縮されている。

一方、麻生は北朝鮮の弾道ミサイル発射準備が表面化して以来、強気の発言を繰り返した。北朝鮮をけん制する「言葉の抑止」という意味合いもあろう。だが、西松事件にもかかわらず内閣支持率が一向に上向かず、何とか耳目を集めて政権浮揚につなげたいとの思惑も見え隠れした。

──たとえ人工衛星だったとしても、国連安全保障理事会決議一七一八に違反しているのははっきりしている。断固、安保理に話を上げる。日本の上を弾道ミサイルが通過するような話を、とてもじゃないが認めることはできない。日韓は北朝鮮に近く、影響がある。米国も含め、一緒になってきちんとした対応をやらなければならない。ロシアも中国も前回のミサイル連射時より今の方が決議違反がわかりやすい状況になっている――

麻生は二月十三日、内閣記者会とのインタビューで冗舌に力説してみせた。内政が低迷する時、外に目を向けさせるのは古今東西にわたり政治の常道である。西松事件を受けた「政治とカネ」の問題で「政治資金の取り扱いは、政治不信につながる大きな要素だ。政治家がしっかり説明しないといけない」と言葉少なだったのと対照的だった。

日米同盟と国内政治の結節点で、米国の対日不信と麻生政権の高揚というコントラストがくっきりと浮かび上がっていた。

北朝鮮が発射すると通告した「テポドン2号」は、計画通りに飛んだ場合、日本のミサイル防衛（MD）網では技術的に迎撃できない。日本のMD網は射程千三百キロ、高度三百キロ程度といわれる北朝鮮の中距離弾道ミサイル「ノドン」に対する防衛を想定している。イージス艦搭載の迎撃ミサイルSM3が大気圏外で迎撃し、もしも撃ち漏らした場合には地上配備の地対空誘導弾PAC3で迎え撃つ二段構えだ。

では、北朝鮮の弾道ミサイルに政府はどう対応しようと考えたのか。迎撃を想定していたのは、北朝鮮が発射に失敗し、弾頭部分をはじめ、日本の領海外に落下するはずのミサイルの一、二段目が領土、領海内に落ちてくるケースである。一般的にミサイル防衛とは弾頭に搭載した核爆弾や大量破壊兵器を空中で撃破するものだが、今回予想されたのはこの弾頭破壊とは異なる。ただ失敗により、どのような経路で落下するかを短時間で計算するのは至難の業とされる。

ミサイル迎撃態勢を整える法的な手続きでも麻生政権は難しい判断を迫られた。

自衛隊法では（1）弾道ミサイルなどが日本に飛来する恐れがある際に閣議決定を経て、防衛相が破壊措置を命令＝八二条二の第一項（2）飛来する恐れがあるか不明だが、事態が急変し飛来するのに備え、あらかじめ防衛相が部隊に破壊措置を命令＝同第三項――の二通りがある。第一項は閣議決定で公になるが、第三項は国民に明らかにせず実施。いずれも日本領域に落下すると判断された時点で迎撃が可能になる。第三項で対応する場合に非公表を前提としているのは、自衛隊の臨機応変な展開を担保するためである。

防衛省はトップの浜田靖一以下、第一項の閣議決定で臨む方針を確認したが、内閣官房は「北朝鮮を挑発しかねない」と第三項の適用を主張して鋭く対立した。

首相官邸は最終的に、本来は公表しない第三項での対応を、閣議よりもワンランク下の安全保障会議で決定した。その後、浜田が破壊措置命令を下して、官房長官の河村建夫が準備態勢を発表するという事実上、第一項と第三項の折衷案で決着。外務省や内閣官房が巻き返した結果であり、麻生内閣の迷走ぶりを浮き彫りにした。

また、準備態勢に入る方針を決めたにもかかわらず、外相の中曽根康弘は迎撃について「難しいのは事実だ。どこに飛んでくるのかわからない」と語り、官邸筋も「ピストルの弾をピストルで撃ち落とせるはずがない」と発言。国民の血税を注ぎ込んだMDシステムの信頼性を政府自ら否定する失言の連発は、強硬姿勢を示さなければならない一方で、迎撃には自信を持てないというジレンマの中での苦渋の選択を物語る。

北朝鮮の通告によると、一段目が日本海の公海に落下。「人工衛星」と二段目は東北地方を飛び越え、二段目が北太平洋の公海上に落ちる。

低層圏で弾道ミサイルを撃ち落とす地対空誘導弾パトリオット（PAC3）を航空自衛隊浜松基地（静岡県）から秋田、岩手両県へ移動させると同時に、海上配備型迎撃ミサイル（SM3）を搭載したイージス艦「こんごう」「ちょうかい」（いずれも長崎県・佐世保基地）を日本海、ミサイルをレーダーで捕捉するためのイージス艦「きりしま」（神奈川県・横須賀基地）を太平洋にそれぞれ展開した。ただ、領域に着弾すると判断したにもかかわらず迎撃できなかった場合には、日本のMDシステムへの信頼性と抑止力が揺らぎかねない危険性が付きまとった。

「今の段階で手の内は言えないが、当たる確率は、昔の地対空誘導弾パトリオットのレベルとはだいぶ違っている」。首相は十五日のNHK番組で迎撃の可能性に言及しながら、国民の安全確保に万全を期す考えを強調。北朝鮮側は「軍事的な対決態勢を取るもので、わが国の尊厳と自主権、安全への侵害で挑発」と非難し、「わが国は自主権が侵害されれば、相手が誰であろうと反撃する。これは日本にもそのまま適用される」とけん制した。

日米同盟に「すき間風」

北朝鮮は四月五日に「人工衛星打ち上げ」を名目として発射した「テポドン2号」とみられる長距離弾道ミサイルの発射に踏み切った。東北上空を通過して日本領域には落下しなかったものの、麻生政権は海上自衛隊のイージス艦や航空自衛隊の地対空誘導弾ＰＡＣ３を展開させて迎撃態勢を整え、危機対応をアピールした。四日には誤った発射情報を発表する失態を演じたが、西松建設の巨額献金事件で当時の民主党代表・小沢一郎の秘書が起訴された追い風にも乗り、内閣支持率は大方の予想に反して二〇％台後半から三〇％まで急上昇する展開になった。麻生は衆院解散へフリーハンドを確保したと確信を強めた。

「極めて挑発的で看過できない。国連安全保障理事会の決議違反は、はっきりしているので国際社会と協力して対応したい」

麻生は四月五日午後、北朝鮮のミサイル発射を受けて記者団にこう述べ、日本として毅然と対応する考えを強調。「国民が冷静に対応してくれて感謝している。状況を迅速に知らせることを含めてうまくいった。今回の経験を今後に生かさねばならない」と危機対応能力を自賛してみせた。

ミサイル発射は五日午前十一時半ごろ。防衛省は秋田県と岩手県の東北地方上空を通過し、一段目は秋田の西約二百八十キロの日本海、二段目は太平洋上にそれぞれ落下したと推定。自衛隊は日本領域に落下しないと判断し、MDシステムによる迎撃措置を取らなかった。政府にとっても国民にとっても幸いだったのは、日本領域内への落下物は確認されておらず、航空機や船舶を含め被害も出なかったことである。北朝鮮は通告通り「人工衛星」の打ち上げに成功したと発表。北米航空宇宙防衛司令部は「どんな物体も軌道に乗らなかった。搭載物は太平洋に落ちた」と打ち上げ成功を否定する声明を出した。麻生政権は「弾道ミサイル計画に関連するすべての活動停止」を求めた国連安全保障理事会決議に違反するとして安保理での新決議採択を目指したものの、中国やロシアの慎重姿勢で議長声明にとどまった。北朝鮮は反発して六カ国協議からの脱退を表明。日本政府の突出した強硬姿勢が浮き彫りになった。

今回の発射がミサイルだったのか、人工衛星打ち上げ目的のロケットだったのか。この点がマスコミで論じられたが、実質的には大量破壊兵器の運搬手段であることに変わりはない。ミサイルの長射程化と核開発が進む中、日本よりもむしろ米国の方こそ声高に北朝鮮を非難すべきであるにもかかわらず、オバマ政権は必ずしも拳を振り上げてはいない。国務長官・クリントンは六カ国協議に加え、北朝鮮が望む米朝協議もいとわない姿勢を示した。北朝鮮との交渉を寸断してしまっては元も子もないと考えているからだ。日本が発射直後に求めた国連安保理での非難決議が議長声明に格下げされたのも、北朝鮮に配慮する中国に米国が歩み寄った結果である。

この間、あまり大きく報じられていないが、国防長官・ゲーツは三月二十九日、ＦＯＸテレビとのインタビューで、北朝鮮のミサイルがハワイなど米領土に向かってくると判断されない限り、ＭＤシステムで迎撃するつもりはないと明言している。攻撃目的ではないにせよ、日本領域に着弾する可能性があれば、同盟国として迎撃の余地を残す発言をするのが筋にもかかわらず、事前にそれを否定してしまったわけだ。外務、防衛両省では「同盟という観点から深刻な問題になりかねない」と懸念の声が上がった。

このように、麻生の自画自賛と高揚感、世論の受け止めとは裏腹に、ミサイル発射はすきま風の吹く日米同盟の内実を透かす皮肉な出来事でもあったのだ。

四月四日、正午のＮＨＫニュースの最中に起きた政府のミサイル発射の誤発表は、麻生政権のお寒い危機管理能力を露呈してしまった。午後零時十六分に「北朝鮮から飛翔体が発射されたもよう」と発表。五分後に「誤探知だった」と訂正する失態を演じ、官房長官・河村建夫は「国民に心配をかけた」と陳謝を余儀なくされた。この背景も検証しておこう。

四日午後零時十六分、防衛省地下にある中央指揮所に航空総隊司令部（東京都府中市）から連絡が入る。「飯岡探知。ＳＥＷ（米軍早期警戒衛星）入感。発射」。同省技術研究本部飯岡支所（千葉県旭市）の航空自衛隊レーダーが飛翔体を認め、米軍衛星も赤外線センサーで噴射の熱源を探知したとの内容だった。だが、「ＳＥＷ入感」は事実ではなく、連絡担当者がこの言葉を毎日練習していたため、誤って付け加えてしまったのだ。

さらに、中央指揮所で連絡を受けた内局運用企画局幹部が「ＳＥＷ入感」を「発射」とアナウンス。この音声は官邸でモニターされていたことから、緊急情報は「Ｅｍ－Ｎｅｔ」システムで自治体へ送信、そして報道機関にも流れた結果、誤情報が世界にも駆けめぐったのだ。一分後の同十七分、航空総司令部は目標を見失い、早期警戒衛星情報も発射を示していないことを中央指揮所に通報。官邸は同二十一分に発表の訂正を迫られる。

発射の情報は、発表の前提になる衛星により情報が探知されると、在日米軍司令部（東京・横田基地）を経て、航空総隊と中央指揮所の双方へ同時に入る。衛星探知が事実なら中央指揮所にも知らされているはずなのに、この内局幹部は確認せずに航空総隊司令部からの連絡を鵜呑みにした上に「発射」と誤りを発したのである。チェック機能と冷静さを欠いたミスの連鎖が、深刻な不手際を引き起こした。

これに加えて問題は、中央指揮所の情報がモニターを介して官邸にたれ流しになる手順を取ったことだ。情報は本来まず、防衛省が真偽も含めて価値を判断し、官邸や他省庁に連絡する段取りだったにもかかわらず、この重大なルール変更が四月三日夜に急きょ決まった。防衛相の浜田靖一にも報告されていなかったのは致命的な事務方のミスだった。この結果、浜田は誤探知事件の四日、防衛省の臨時オペレーションルームで、中央指揮所からの連絡より早く、NHKのテロップで「ミサイル発射」を知った。大臣も知らないうちに変更されたシステムで「誤探知」問題は起きたのであり、事態は単なるヒューマンエラーの連鎖では済まされない。防衛省全体の劣化と能力の低さを示すという意味で、より深刻な問題を内在している。

「正しい情報を持ってこい。おまえら何やってるんだ」。浜田は、誤報だったことを伝えた防衛省幹部を叱責した。「情報の順序が逆だ」との思いも怒りを増幅させた。

「クロノロジー（時系列）症候群」。政府関係者によると、イージス艦「あたご」と漁船の衝突事故の際、首相官邸や防衛相への報告が遅れたことが関係者のトラウマ（心的外傷）となり、防衛省や官邸では「速報病」が蔓延。伝達過程で誰が情報を滞留させたのか「犯人探し」が始まる。こうしたムードが「速報重視、チェック欠落」という失態を招いてしまった。発射情報がどんなに早く公表されようと、住民が避難できるわけでもなく、その態勢すら整えていない。政権浮揚のためのパフォーマンスが優先されたがゆえの不手際だったのである。

支持率アップの皮肉

こうした水面下での失態にもかかわらず、終わり良ければすべて良しなのか、麻生内閣の支持率は三月下旬から四月にかけて軒並み上昇に転じた。

やはり、西松建設の巨額献金事件で公設秘書が起訴された後も民主党代表の座に居座る小沢への嫌気が、麻生への追い風になった面は大きい。そして、実行が担保されていないとはいえ、ぶち上げた15兆円規模の○九年度補正予算案も地方を中心に期待を高めたのは確かだ。

国家の根幹に関わる安全保障でのお寒い現実も、ＰＡＣ３を展開する画像の数々や秋田、岩手両県での慌ただしい動きを伝えるニュースにかき消されてしまったのだ。内閣支持率の復調傾向に意を強くする麻生の心境も表面化する。強気の発言が飛び出したのは、麻生が○九年度補正予算案編成を前提とした新たな追加経済対策の策定を与党に指示した直後の三月三十一日だった。「民主党など野党が〇九年度補正予算案にどう対応するのか。どうしても反対と言うのであれば、関連法案再議決に必要な六十日を要してでもやるのか、審議を打ち切ってでも選挙をすべきかは、そのときの状況で判断する」。つまり、野党が審議に抵抗すれば、衆院解散という伝家の宝刀を抜くと宣言したのだ。

「じこがない　そんなまいにち　うれしいな」「渡れそう　今なら行けるは　もう危険」。四月十三日、東京・大田区立萩中小学校で開かれた「春の交通安全運動中央大会」。麻生が生徒らに贈った交通安全スローガンは衆院解散をにらみ、自信と揺らぎが交錯する自らの心境を表すような標語だった。この時点で、麻生が解散のフリーハンドを握ったとの確信を強めていたことだけは間違いない。

「官邸では毎日、ぶら下がり会見というのをやっていますが、その質問のレベルは、経済の話でも国際金融の話でも最初は必ず『解散はいつですか』だ。経験豊かな方々は、まさかそんなことはないだろうと話していたら、いきなりこれだから。現役の記者たちもやむを得ないのかなと残念な気持ちですな」

四月九日、日本記者クラブで行われた麻生の記者会見。政治部長も経験した読売新聞特別編集委員の橋本五郎が「解散は当然、補正予算を成立させた後ということでよろしいですね」と質問したのに対し、麻生はこう言い放った。麻生は毎日の「ぶら下がり取材」の受け答えなどでも、以前の「傲慢さ」が戻ってきている。四月十七日の記者団とのやり取りでは、プロ野球記録を更新するヒットを放った米大リーグ・マリナーズのイチローについて聞かれると、野球漫画「あぶさん」の話題を自ら持ち出し、「あぶさんの年齢知ってるか」などと逆質問を連発。記者が答えを間違えると「駄目だねえ。全然アウト」とからかった。

二月に盟友の財務相・中川昭一が「もうろう会見」で辞任した頃は、支持率が一〇％台に落ち込み、傍目にも憔悴していた麻生。実際、体重が二、三キロ落ちたというが、ここにきて本来の「ハイテンション」が戻った。理由は単純だ。小沢の秘書が違法献金事件で起訴されて民主党が失速。それと反比例するかのように内閣支持率は上昇に転じ、三〇％余まで回復したからだ。衆院選で与党過半数を維持し、長期政権に道を開く――。わずか二カ月前には「戯言」としか聞こえなかった麻生の願望が、わずかながら現実味を帯び始めていた。

話を二〇〇九年二月に戻そう。日本テレビの世論調査で内閣支持率が一桁の九・七％まで落ち込み、官邸に衝撃が走った二月中旬。公明党代表の太田昭宏は、密かに首相官邸に忍び込み、麻生と向き合っていた。

北朝鮮のミサイル発射で支持率が好転した麻生首相にも余裕が出てきた？

「七月には東京都議選が控えており、公明党としては、来年度予算案があがれば速やかに解散してほしい。五月二十四日投票の日程がタイムリミットだ」

「都議選では自民党とも争う。それゆえ都議選と衆院選が近いと、少なくとも東京で、自民党の応援ができなくなり、自民党にとっても良いことはありませんよ」

年が明けても一向に解散の見通しが立たないことに

業を煮やした太田は、具体的なタイムリミットまで示して、解散時期を明示するよう直談判に及んだのだ。だが、麻生は「今は支持率も低く、衆院選など考えられない。解散は政策を着実に実施し、勝てると判断した時期に行いたい」と素っ気なかった。太田は落胆して官邸を後にした。

右往左往する公明党

公明党の支持団体である創価学会の選挙戦は、投票日に向けて様々な行事予定を組んで運動員を鼓舞し、学会内外の支持を着実に固めていく「スケジュール闘争」だ。それだけに衆院選がいつ行われるかを見通すことは極めて重要で、その情報を取ることは公明党幹部の最重要任務だ。しかも二〇〇九年は創価学会が重視する東京都議選が七月十二日に行われる。創価学会にとって都議会は最初に政治進出を果たした「聖地」。その選挙には毎回、全国の学会員を動員している。都議選と衆院選が重なれば都議選に他府県から動員することが困難となり、苦戦は必至だ。そのため都議選の前後半年間は衆院選を避けたいとして、昨秋に衆院選が行われるよう画策してきた。

ところが、昨年十月に行われるはずだった衆院選はどんどん先送りされ、年が明けても一向に見通しが立たない。そのため、面子を失った公明党代表の太田昭宏は官邸に乗り込んだのだが、その後、「麻生は都議選との同日選も考えている」との情報も流れ、慌てた太田は、自民党有力者らと次々と面会。何とか都議選前後の衆院選を避けようと右往左往を余儀なくされた。

四月七日朝、太田はホテルオークラの日本料理店「山里」に出向いた。元財務相・伊吹文明の仲介で元首相・森喜朗と朝食を共にするためだった。太田と森はあまりウマが合わず、疎遠な関係だった。だが、なりふり構っていられない太田は、京都大学の先輩である伊吹に頼み込んで、首相の麻生に影響力を持つ森との会合をセットしてもらったのだ。

「うちの組織は二つの選挙を一緒にできるほど器用ではない。色々な話が耳に入るでしょうが、都議選とのダブル選挙は絶対に避けてほしいというのが本音です」「最低でも都議選の前後一カ月半は空けてほしい」

太田は切々と訴えた。森は「わかりました。麻生さんに伝えましょう。でも首相と直接、話す機会を増やした方がいいですよ」とアドバイス。会談後、直ちに麻生に電話をかけた。

「両党の間に疑心暗鬼が生じないよう、もっと党首同士で話し合った方がいい。太田さんから会談の申し出があったら応じてやれよ」

程なく太田から申し入れがあり、麻生は直ちに会談をセットした。四月十五日正午、太田は密かに裏口から官邸に入り、麻生と二人だけで昼食をとりながら会談した。

「以前、衆院選のタイムリミットは五月二十四日だと申し上げた。それがずれ込んだとしても都議選前の衆院選なら六月七日が限度だ」「うちの支持団体は大型タンカーのようなもの。かじを切るには時間がかかるので、都議選前にやるならこの場で明言してほしい」

太田は会談冒頭から解散時期を明示するよう麻生に迫った。だが、この日も麻生は、のらりくらりと太田の攻撃をかわした。

「衆院選をやれば野党に転落する恐れがある。まさか野党として都議選をやりたいとお考えではないでしょう」「選挙はとにかく勝てると思った時期にやるという方針に変わりありませんから」

結局、言質はとれなかったのだが、太田は会談後、すぐに創価学会会長の原田稔や理事長の正木正明に対し、『『衆院選は都議選後』との感触が得られた」と報告している。「まさか野党として都議選をやりたいわけではないでしょう」という麻生の言葉を「都議選前の解散はない」と解釈したのだ。

太田が創価学会に対し、麻生との会談結果を直ちに報告したのには理由があった。翌週の四月二十一日には創価学会の全国総県長会議、その翌日には全国幹部会が予定されていたからだ。一連の会議を前に学会側は総選挙の時期に関する情報を欲していた。だが太田らの見通しは昨秋以来、外れっぱなしだ。結局、会議では、衆院選の時期について詰めた話はせず、都議選に向けた活動を着実に進めていくことを確認しただけだった。太田の情報はあまり信用されていなかったのだ。

その判断は正解だった。麻生は総選挙を都議選後にするなどと伝えたつもりはなかった。それでは麻生の本心はどこにあるのか。

先に紹介した森・太田会談の一月余り前、森はひと気の無い土曜日の首相公邸を密かに訪れ、解散時期をめぐって麻生とじっくり話し込んだことがあった。だが、そこで二人の意見は対立する。「九月まで精一杯仕事をすることだ」と任期満了選挙を唱える森に対し、麻生は新年度補正予算案の審議を民主党が引き延ばしてきた場合、民主党を悪者にして五月頃に解散することもあり得るとの考えを示した。その頃になれば、定額給付金もほぼ行き渡り、高速道路料金の引き下げなど景気対策も国民に浸透。内閣支持率もかなり反転しているはずだとの読みもあった。この案は、麻生の古くからの側近である国対委員長・大島理森が唱えていた。

だが、この時期、内閣支持率は「退陣危機ゾーン」の一〇％台まで落ち込んでいた。それにもかかわらず、麻生が早期解散の可能性に言及したのには理由があった。任期満了近くまで解散しなかった場合、党内で総裁選の前倒し論が強まり、解散権を行使できないまま退陣に追い込まれるのではないかと恐れたからだ。森が唱える任期満了論に「ぎりぎりまで首相を務め、人気が回復できなければそこで辞めろ」という「形を変えた麻生降ろし」の匂いを嗅ぎ取っていたのだ。

同時にこの時期、麻生の耳には、東京地検特捜部が小沢一郎の政治資金について捜査を進めているとの情報が入っていた。むろん正規ルートではない。麻生側近が長い年月をかけて築いてきた検察との個人的ルートでその情報はもたらされた。このため麻生は、密かに三月以降の反転攻勢に自信を持っていたとの証言は複数ある。その後、内閣支持率は実際に急カーブで回復し、麻生はいよいよ「五月解散」に傾いてく。それを後押ししたのが元首相の安倍晋三だ。同じ保守派で麻生の盟友である安倍は、「小沢はいずれ代表を辞める。新代表で民主党に追い風が吹く前に解散した方がいい」と早期解散を繰り返しアドバイスしていた。一方、これに待ったをかけたのが自民党選対副委員長の菅義偉だ。大島が古くからの側近なら菅はここ二年ほどで麻生の信任を得た新しい側近だ。その菅は四月上旬から中旬にかけて麻生とサシで三度ほど会談。「補正予算の成立を待たずに解散すれば、『政局より政策』という麻生の言葉は嘘だったと批判される」と、予算案とその関連法案を成立させてから解散すべきだと説得した。

四月二十三日夜、首相公邸には、その安倍と菅、それに行革相の甘利明の「お友達」三人が入り、麻生本人を前に解散時期をめぐって意見を戦わせた。「補正予算の成立に拘らないで解散を決断した方がいい」と主張する安倍に対し、菅は「支持率は今後、更に上がる。解散は予算関連法案などの成立後でよい」と譲らなかった。

その場では、どちらにも軍配を上げなかった麻生だが、五月十一日午後、小沢一郎が突如、代表辞任を表明。甘利ら親しい議員に「小沢はやめねえんじゃないか」と漏らしていた麻生は不意打ちを食らった形だ。これを受けて、新代表選出直後の民主党相手に選挙に突っ込むのは自民党にとってリスクが大きいとの声が党内に広がり、麻生は同日夕、補正予算関連法案や海賊対処法案などの重要法案を今国会で成立させる考えを強調。小沢辞任という「外圧」に促される形で「菅シナリオ」に乗り換えた形になった。

だが、これ以上解散の判断を先送りすれば、事実上、任期満了選挙になる。果たして麻生は「決断できない男」との汚名を返上することができるのか。タイムリミットは近い。

終章
政治再生の萌芽

「共和党」になり切れなかった自民党

本書では主に、五年半に及ぶ小泉政権の後、衆院選を経ずに安倍、福田、麻生と三代続いた短期政権の内幕を描いてきた。

「自民党をぶっこわす」と宣言し、国民の絶大な人気を博した小泉は、その言葉とは裏腹に、自民党を延命させた。小泉は「五十五年体制」と呼ばれる昭和三十年代以降の自民党一党支配政治の中で自民党が築き上げてきた既得権益の打破を正面から掲げ、自民党を新自由主義的経済体制を志向する都市型政党に脱皮させようと試みた。そして、その志を自分が強引に総理候補に仕立て上げた安倍晋三に託した。だが、それは一年も経たないうちに頓挫する。それが自民党崩壊への序章となってしまった。

なぜそうなったのか。背景を解明するためには、小泉内閣の目指したものを改めて分析してみる必要があるだろう。

五十五年体制下で自民党が行ってきた政治は、内政面では弱者対策や低生産性産業対策、それに地方を重視する社会民主主義的な政策だった。官僚が一連の政策を立案し、それを唯一の政権政党である自民党が推進してきた。これが長い間積み重なり、自民党のいわゆる族議員と官僚、それに業界団体の三者が結びつく「鉄のトライアングル」が形成された。建設族、郵政族を中心に有力族議員を数多く揃えた田中派、後の竹下派が「票と金」の多くを握り、それを武器に自民党内を支配する時代が長く続いてきた。ところが、バブル経済の崩壊で、こうした政治は明らかに行き詰まりを見せ、国民の不満も大きくなっていた。

そこにメスを入れようというのが小泉構造改革だった。道路公団の民営化、政府系金融機関の統廃合、いわゆる三位一体改革、そして郵政民営化。矢継ぎ早に打ち出されたメニューは、いずれも開発が遅れた地方に中央からカネを還流させる戦後のシステムを破壊する改革だった。そして、実際に地方は小泉改革によって疲弊したのだが、それは新自由主義的立場からすればある意味、当然の帰結だった。小泉改革を一貫して支えた元幹事長・中川秀直や元総務相・竹中平蔵の主張は「徹底した規制緩和」「小さな政府の実現」「財政ではなく金融による景気対策」だった。それは社会民主主義的な政策、地方重視の政策からの脱却に他ならない。つまり、小泉は、戦後、社民主義政党に近い政策をとってきた自民党を、米国の共和党、英国の保守党のような新自由主義的な政策を掲げる政党に変えようとしたと言えるだろう。

一方で、現在の民主党は、小沢一郎、鳩山由紀夫、岡田克也ら、もともと自民党において社民党的な政策を推進してきた旧竹下派出身の議員たちが中枢を占める。それに旧社会党グループや旧民社党グループ、それに社民連出身の菅直人らが一緒になって、弱者対策、セーフティネット重視の政策を掲げる。それゆえ、日本にも米国の民主対共和、英国の保守対労働のような対立軸を持った二大政党制が定着するかもしれないとの期待を抱かせた。

だが、自民党が日本の「共和党」になったのは、極端に言えば小泉自民党の最後の一年だけだった。長年、染み付いた体質が五年程度で変わるはずはなく、逆に小泉が退場した後は元に戻そうという力が強く働いた。

小泉の後を継いだ安倍晋三は、小泉構造改革路線を全面的に引き継ぐはずだったが、党内に渦巻く「逆バネ」を止めるには力不足だった。幹事長に就任した中川秀直も、盟友だった竹中平蔵が政界から退出した上に、安倍との足並みの乱れもあって歯止め役になることができなかった。構造改革推進派の若手議員たちもバラバラだった。したがって、安倍が拘った道路特定財源の一般財源化も大きくは進まなかった。麻生太郎は首相の座に就いてから「本当は郵政民営化法案に反対だった」と発言して強い批判を浴びたが、麻生に限らず自民党議員の多くが小泉に逆らえば人事や選挙で不利になると考え、小泉改革に反対しなかっただけだった。

その中で安倍自身は、小泉政権下で竹中平蔵を講師にした勉強会に参加し、その薫陶を受けた

「改革派・自由主義派」だった。一方で、政治理念の面では憲法や教育基本法の改正などを強く主張する保守派だった。ところが、長年、安倍が親しく付き合ってきた保守派の仲間のほとんどが、地方重視派であり、郵政民営化に絶対反対だった。このため、多くの安倍の仲間が小泉によって自民党を追い出された。郵政解散の際、造反組に対して「刺客候補」まで送った小泉のやり口に対し、当時の安倍は「やりすぎだ。付いていけない」と洩らしていた。そうした郵政造反組の議員たちを復党させるのは、安倍にとって当たり前のことだったが、それが国民の眼には、小泉改革路線からの逸脱と受け止められ、手際のまずさもあって一気に国民の支持を失うことにつながった。

この時、小泉は彼らの復党に強くは反対しなかった。郵政民営化の実現のためには徹底して「冷徹」「非情」になり、永田町や自民党の長年の常識をも次々と覆してきた小泉。自民党を本当に変えようと思っていたのであれば、ここで反対の狼煙を上げてしかるべきだった。これについて、自らは造反組の復党に強く反対した小泉側近の一人は「小泉さんも少しやりすぎたと思っていたんだ。それゆえ郵政民営化が既に軌道に乗っていたこともあって、造反組の復党に反対しなかった。これ以上やると自民党に居られなくなると考えたのだろう。我々から見ると少しずるいし、酷いなと感じた」と洩らしている。小泉自身が「自民党を変える」ことに中途半端だったのだ。

安倍退陣を受けて登場した福田政権は、小泉改革路線によって「過去の人」扱いされてきたベテラン議員たちが復権を目指した政権だった。福田自身は、小泉内閣の官房長官を三年余りも務め、構造改革の推進役を努めてきたと自負してきたし、自らの政権で改革路線は続けていくとの意思を持っていた。しかし、福田を担いだベテラン議員たちは、改革路線の修正を求める声を強め、地方や中小企業に「優しい」政策の推進を要求した。それでも福田は、小泉純一郎ですらなし得なかった道路特定財源の一般財源化を実現するなど健闘したのだが、福田を首相に押し上げた原動力が「小泉改革路線の修正」だっただけに、それが福田政権の手足を縛ることになったし、国民に対する政権のイメージが極めて曖昧になった。

最後の麻生は、小泉によって党三役や閣僚に登用されることによって総裁候補に躍り出たにもかかわらず、その政権は小泉改革路線の修正を明確に掲げて登場した。米国発の金融危機に端を発した不況が、そうした麻生の姿勢を後押しした。小泉路線の修正が広く受け入れられる環境が整っていたのだ。だが、麻生が「郵政民営化に賛成したのは本意ではなかった」として、その見直しを言い出すに至り、小泉改革を支えてきた改革派の議員たちが強く反発し、党内対立が激化する。ついには小泉自身が痛烈な麻生批判を繰り広げ、マスコミはこれを大々的に報じた。前後して麻生の不適切な発言や漢字の読み間違いなどが次々と重なり、支持率は一〇％台前半まで急降下する。つまり、世論は麻生に対して「首相を務める器ではない」との烙印を押してしまったのだ。この世論は容易に変動しない。その後、支持率が回復しても不支持率は五〇～六〇％のまま「高止まり」した。いずれにしても、この三代の政権は、小泉改革路線をどう評価し、どこまで引き継ぐのかをめぐって混乱した。それが短命の一つの原因となった。

「官邸主導」が定着しなかった理由

一方、政府・与党の政策決定システムや権力構造の変化といった観点から、この三代の政権を見るとどうなるのか、少し分析してみたい。

小泉政権の強みは、首相自身が「首相の権限」を熟知し、それを最大限に使ったことにあった。小泉自身が首相退任後、親しい議員に述べているのだが、首相の権限とは、突き詰めれば、閣僚や党三役の人事権と衆院の解散権だ。小泉はその二つを徹底的に利用して「官邸主導」の政策決定を実現させた。小泉は、閣僚・党三役人事に関し、各派閥の領袖から候補者の推薦を受け、派閥均衡と年功序列を重視するといった従来型の人事を廃し、事前には誰にも明かさず一人で人事を決めてきた。小泉は閣僚の呼び込みに当たり、本人にも事前には何の担当かは知らせずに首相執務室でポスト名を言い渡した。各省庁の大臣である前に「小泉内閣の国務大臣」であることを印象付け、自分への忠誠を誓わせる手法だった。

小泉は、同時に現実主義者だった。どうしたら党内で圧倒的に反対意見が強い郵政民営化を成し遂げられるかという一点に絞って考え抜いた。そのため、時にはこうした人事のやり方にも例外が生まれた。前首相で小泉の出身派閥の会長を務めていた森喜朗と、旧経世会（竹下派）＝平成研究会に所属する当時の参院議員会長・青木幹雄の二人には、ある程度、人事について相談していたのだ。

旧経世会の議員では珍しく小泉と長年、親交があった青木に対しては、二つの参院閣僚枠を減らさないことを約束し、人選にあたっても事前に候補者が誰であるかを聞き、青木が容認できる枠内で人事を行った。小泉にとって最大の「敵」である同じ旧経世会の野中広務らと戦う上で、青木を取り込んでおくことは、この派閥を分断させることにつながる。実際にこの分断作戦は著しい効果を挙げることになった。

一方、互いに故・福田赳夫の側近として政治活動をスタートさせ、気心が知れている同じ派閥の森は、党内の付き合いが比較的狭い小泉にとって、ある意味で知恵袋のような存在だった。多くの政界関係者が指摘しているように、小泉は「自民党をぶっ壊す」と言っておきながら、福田赳夫が作った派閥＝清和会には愛着が強かった。それもあって小泉は困ったときには森に相談することも少なくなかった。例えば、小泉政権発足時の党三役人事だ。小泉は旧経世会と並ぶ「抵抗勢力」の牙城になりかねない当時の江藤・亀井派（現伊吹派）を分断するため、亀井の盟友であった平沼赳夫を政調会長に起用しようと考えた。ところが、それを提示された平沼は、江藤らと相談の上、これを断ってきた。そこで小泉は森と相談。森が長年親しく付き合ってきた麻生太郎を推薦し、麻生の政調会長就任が実現している。

小泉が「一本釣り」といわれる人事手法で自らの求心力を高め、それを基盤に官邸主導の政治を実行できた背景には、小泉政権以前から「派閥」が弱体化していたことも大きい。それは一九九六年、小選挙区制を中心とする新たな選挙制度が初めて実施された頃から始まっていた。

一選挙区の定数が三〜五程度だった中選挙区制度のもとで自民党一党支配が続いていた頃は、自民党の派閥の存在は極めて大きかった。派閥が政治の主役だったとも言えよう。同じ選挙区から派閥の異なる複数の自民党候補が立候補し、互いに激しくぶつかり合った中選挙区制。各派閥は、候補者の発掘から選挙戦でのヒト（運動員）やカネ（選挙資金）の支援などを一手に担ってきた。当時は自民党の公認候補であるか否かはあまり大きな意味を持たなかった。有力派閥がその候補者を正式に認定すれば、無所属候補であっても、その派閥の全面的な支援が得られたからだ。政権交代の可能性が事実上、閉ざされていた五五年体制下では、自民党の候補者にとって、野党である社会党や民社党などの候補者よりも、同じ自民党の他派閥の候補者こそが真のライバルだった。つまり、派閥が事実上、政党の機能を持ち、自民党単独政権といっても、ある意味で有力派閥の連立政権だった。それゆえ、首相＝自民党総裁も各派閥に配慮しながら政権運営を行わざるを得ず、一時期の中曽根政権のような例外はあるものの、「首相主導」「官邸主導」は実行が難しい環境に置かれていた。

ところが小選挙区制を中心とした新しい選挙制度の導入で、その状況はガラリと変わった。定数一であれば同じ政党の候補者同士が争うことはない。小選挙区制の導入と相俟って、「政党中心」の選挙戦になるよう、政党の公認候補者以外の選挙運動は厳しく制限され、無所属の立候補者は激減した。同時に政治資金規正法が強化されて政党以外がカネ集めをすることが困難になり、バブル経済の崩壊も影響して、派閥が集めることができるカネが極端に減った。代わりに政党助成金制度が導入された。

こうした一連の制度改正で派閥の力は著しく低下する。代わって候補者の公認権を持ち、同時に政党助成金の配分権を握った党執行部の力が次第に強くなった。そこに小泉が登場した。自民党政権が事実上、各派閥による連立政権だった時代には、幹事長には総裁＝首相の出身派閥以外の実力者を起用し、党全体の派閥バランスに配慮することが慣例になっていた。しかし、小泉は、幹事長には自分の意のままになる議員＝イエスマンを据え、党側にも睨みをきかせた。派閥の最後の拠り所だった人事の調整機能も取り上げ、各派閥の実力者を一本釣りするなどして各派内部の分断を図った。小泉政権の五年間で、小泉の出身派閥の清和会以外はガタガタにされ、総裁選という派閥の結束が最も問われる場で、各派とも幹部の対応が割れるという従来では考えられなかった現象が当たり前のようになった。

実は、小選挙区制が導入されれば、首相（＝総裁）及び党執行部の力が著しく強くなることを、小泉は極めて早くから見通していた。リクルート事件を受けて、海部内閣、宮沢内閣の下で小選挙区制導入をめぐって自民党内で激しい議論が行われていた頃、小泉は「守旧派」のレッテルを貼られても臆することなく導入反対の先頭に立っていた。その時の反対理由が「こんな制度が導入されたら、自民党は執行部独裁になり、側近政治が横行する」「党内民主主義は抹殺され、我々は自由な意見が言えなくなる」というものだった。その後の小泉の言動から見るとまさに皮肉だが、小泉は反対の論陣を張るため、制度を徹底的に研究していたのだ。だからこそ、自分が権力の座に就いた時、そのメリットを最大限、活かすことができた。小泉は、小選挙区制導入を柱とする政治改革法案が党議決定された自民党総務会を退出した際、一緒に反対論を叫び続けた当時の若手議員につぶやいた。「これからはトップでなければ自分の意見は通らなくなる。俺はこれからそれを目指す」。十四年後、小泉はそれを成し遂げたのだ。

一方で、小泉は、四百八十人の衆院議員を一気にクビにする究極の権力＝衆院の解散権も徹底的に利用した。首相退任後、小泉は「自民党が小泉の政策に反対だからといって任期途中で引き摺り下ろそうとしても絶対に辞めないと最初から決めていた。小泉降ろしが起きた時は、衆院を解散して国民に信を問うことに決めていた」と親しい議員たちに明かしている。実際、例えば二〇〇三年九月、自民党総裁に再選された際も、仮に別の誰かが当選することがあれば、小泉は首相を辞めずに衆院を解散すると決めていたという。小泉は「当時、俺がそう考えていることを青木幹雄さんはわかっていた。それで、頼んだわけじゃないのに俺の再選を支持したんだ。別の誰かが当選したら小泉は解散し、自民党は本当にぶっこわれると恐れたんだ」とも述懐している。小泉は国民の支持さえ得ていれば、解散権をちらつかせて自民党内の反対意見を押さえ込むことができることを熟知し、官邸主導政治を行うため、それを実行してのけた。

しかし、小泉は「官邸主導」の政治を制度化することには積極的ではなかった。国会に提出する法案を党が事前に審査するシステムなど従来の自民党の「慣習」に囚われない姿勢は一貫していたが、英国流に党三役などの実力者を閣内に取り込んで政治権力の内閣への一元化を図るといった政治改革には不熱心だった。組閣に当たっても閣僚人事の一本釣りには拘ったが、副大臣や政務官の人事については従来通り、各派閥の意向に配慮する姿勢をみせた。これも郵政民営化という大目標を実現させるため、党内の不満にも配慮する小泉流現実主義の表れだった。だが、こうした姿勢が、安倍以降の政権が「官邸主導」を進める上で足かせになったことは否めない。

結局、小泉流の「官邸主導」は、独特の情報収集力と政治センスを持った異能の政務（首席）秘書官・飯島勲、小泉と霞が関との狭間で苦労しながらも優れた調整能力を発揮した官房長官・福田康夫や厚労省出身の官房副長官（事務）・古川貞二郎、財務省出身で財務省の省益を守りながら小泉改革の推進役を担うというある種の離れ業を演じた事務秘書官・丹呉泰健、そして学者出身でありながら優れた説明能力と政治センスで小泉政権の五年余りを一貫して支え続けた竹中平蔵らの「人材」を上手く使ったことが大きかった。

一方、小泉の後を継いだ安倍晋三は、小泉の間近でその手法を学び、自らの政権ではもっと組織的に官邸主導体制を整え、それを実行しようという明確な意思を持って取り組んだ。そのためにまず、法律の限度いっぱいの五人の首相補佐官を任命し、官邸にそれぞれ執務室を与え、スタッフもつけた。ただ、補佐官たちには、法律上、政策決定の正規ラインに割り込んで官僚たちを指揮する権限はない。それにもかかわらず、補佐官たちがそれを始め、閣僚らとの「二重行政批判」が党の内外から沸き起こると、安倍は内閣法などの改正を行うことも検討した。さらに日本版NSC（国家安全保障会議）の官邸への設置に向けた作業を具体的スケジュールにのせた。

だが、米ホワイトハウスとは異なり、日本の議院内閣制の下では、「お友達」補佐官を集めて官邸だけで「チーム安倍」を作ってみても政策の推進力にはならない。しかも、その「お友達」の補佐官たちが、官房長官の塩崎恭久や官房副長官の下村博文を含む内閣の正規メンバーたちと主導権争いを始め、それを安倍は制御できずに安倍内閣の弱体化を早めた。事務の官房副長官に従来の慣例を破って官僚を辞めて十六年も経つ元大蔵官僚の的場順三を起用したことで、官邸と霞が関との間に距離をつくった上、公務員制度改革を急進的に進めようとしたことも重なって官僚組織を敵に回し、その離反を招いたことも、小泉政権との大きな違いだった。

安倍は当選わずか五回で最高権力者の地位に座った。閣僚のほとんどが首相よりも当選回数が上にならざるを得ない中で、求心力を維持することは生半可なことではない。「選挙の顔」として期待されたことが若い安倍を首相に押し上げた原動力だっただけに、支持率の急落と共に内閣の求心力はガタガタになった。それでも安倍は、個人プレーが支えた小泉流の官邸主導政治を、「チーム安倍」によって進化させようともがいたのだが、人の配置とその使い方が上手くいかず、政策の優先順位の不明確さなども重なって、スムーズな政策実現を阻んだ。ただ、仮に小泉が、官邸主導政治を実行するためのツールをきちんと整えていたならば、安倍内閣の運命はかなり異なるものになっていただろう。

次に登場した福田は、小泉・安倍両政権下で「干されていた」ベテラン議員たちに担がれただけに、組閣人事も旧来型に戻った。組閣に当たっては後見役の森喜朗が各派閥の意向を聞き、結果を派閥領袖らに知らせたので、各派閥から事前に組閣情報が漏れるという小泉以前の組閣の光景が戻った。それでも小選挙区制導入以前とは異なり、福田が自ら主導権をとって政策を進める環境はある程度、整っていた。物事を一人で決めたがる福田個人の資質も相俟って、C型肝炎訴訟への対応や道路特定財源の一般財源化などを官邸主導で決め、一定の成果を挙げることができた。しかし、小泉改革路線とそれに反発するベテラン議員たちとの狭間で内閣の性格が曖昧となり、ねじれ国会の下で政策遂行が滞ったことも重なって、支持率は急低下。与党の公明党からも見放され、自ら政権を投げ出すことになった。

次に登場した麻生太郎は小派閥出身で、党内基盤が極めて脆弱だった。だからこそ、小泉流の官邸主導の政策決定を行って国民的な人気を持続させ、党内基盤の弱さをカバーする方法もあった。ところが、麻生は小泉流の政権運営に初めから背を向け、旧来の派閥の論理でそれをカバーしようとしたのだ。政権発足にあたって、幹事長を最大派閥・清和会の実質的なオーナー・森喜朗に打診したことがその象徴的な出来事だった。自らの国民的人気に強い自信を持っていたこともあって、麻生には旧来の政治手法を乗り越えようといった発想に乏しかった。それゆえ、いったん内閣支持率が急落し始めると、為すすべがなかった。

「新しい政治」は可能か

官僚主導の下で社会民主主義的な政策を採ってきた戦後の自民党政治は、高度経済成長の終焉と共にその役割を終えた。その後も惰性で続いてきた旧来の自民党政治がまさに限界を迎えようとしていた時、小泉純一郎が登場。次の時代の政治・経済のひとつのあり方をおぼろげながらも示し、国民の高い支持を得ることに成功した。だが、自民党自体はその方向に脱皮できず、党内の路線論争は未整理のままになっている。それが小泉の後、短期政権が続いた原因だった。

さらに、世襲議員が増え続け、新しい「血」が入ってこなくなったことで、自民党は首相候補となり得る世代で人材不足に陥り、「首相としての資質」に疑問符が付いている首相の下で天下分け目の衆院選に臨まざるを得ない状況に陥った。このままでは、一度政権交代させてみたらという世論に抗することは困難であろう。

冷戦の終結によってイデオロギーの時代は終わったといわれて久しい。だが、それは政治理念の対立が意味を失ったということではない。新自由主義的な理念と社会民主主義的な理念の差は大きく、それは具体的な政策の違いになってあらわれるはずだ。もはやパイ全体が急成長することが期待できない中で将来の国のあり方をどうしていくのか。官僚任せではなく、政治家自身がビジョンを示し、それを互いに戦わせることが求められている。

自由な市場をどう評価するのか、政府は小さい方がいいのか否かなどをめぐり、自民党も民主党もそれぞれの党内になお両方の意見が混在している。それゆえ、大規模な政界再編を期待する声も強い。だが、第五章で指摘したように、小選挙区制の下では本格的な政界再編は起こり難い。現実的には、小規模な再編を経て、自民＝米共和党的政党、民主＝米民主党的政党という色分けができる可能性の方が高いのではないか。

一方で、自民、民主を問わず、中堅・若手議員たちの中には、官僚の力を借りずに自らの手で政策立案＝議員立法に取り組もうという志を持つ議員が確実に増えており、その能力も著しく向上している。さらに彼らの間では、中国やインドなどアジア諸国の国会議員たちとの交流から、このままでは日本は世界の一流国として生きていくことは難しいのではないかという強い危機意識もかなり共有されている。

高い志と能力を持つ彼らが主体となった二大政党による政権交代が常態化し、両党の切磋琢磨で政治が活性化する日が来るのか。それとも次期衆院選を機に政治が更に混迷の度を深めるだけなのか。その答えが出る日は間近に迫っている。

	9月15日	リーマン・ブラザーズが経営破綻
	9月21日	民主党代表選で小沢代表が無投票で3選
	9月22日	自民党総裁選で麻生太郎幹事長を第23代総裁に選出。立候補者は5氏で、麻生幹事長351票、与謝野馨経済財政担当相66票、小池百合子元防衛相46票、石原伸晃元政調会長37票、石破茂元防衛相25票
	9月24日	福田内閣が総辞職し、麻生内閣が発足
	10月31日	田母神自衛隊航空幕僚長が懸賞論文で日本の過去の侵略を否定。浜田靖一防衛相が更迭
	11月4日	アメリカ大統領選でバラク・オバマ上院議員が当選
	11月12日	自民・公明、総額2兆円の「定額給付金」を決定
	12月13日	福岡で日中韓首脳会談（温家宝首相、李明博大統領）
2009年	1月13日	渡辺喜美衆議院議員（元行政改革担当相）が自民党を離党
	1月20日	オバマ米大統領就任式
	2月17日	中川昭一財務・金融相が酩酊状態での記者会見の責任をとって辞任
	2月24日	ワシントンで日米首脳会談（オバマ大統領）
	3月3日	西松建設の違法献金で民主党・小沢代表の秘書が逮捕
	3月28日	高速道路の通行料金の引き下げが本格スタート
	4月5日	北朝鮮が長距離弾道ミサイルを発射
	4月29日	アメリカで豚インフルエンザによる初の死者
	5月9日	新型インフルエンザ国内初感染者
	5月11日	民主党の小沢代表が辞任表明
	5月16日	民主党代表選で鳩山由紀夫前幹事長が新代表に選出
	5月25日	北朝鮮が2回目の地下核実験実施を発表

	10月1日	郵政民営化がスタート、ゆうちょ銀行、かんぽ生命保険、郵便局会社、郵便事業会社の4事業会社が発足
	10月19日	G7財務相・中央銀行総裁会議共同声明、米住宅問題（サブプライム）や原油高に対して懸念表明
	11月2日	福田・小沢会談で「大連立」構想、民主党役員会の反対で拒否
	11月4日	民主党の小沢一郎代表が党首辞任を表明
	11月6日	小沢代表が辞意撤回
	11月28日	東京地検が守屋武昌前防衛事務次官を収賄容疑で逮捕
2008年	1月11日	新テロ対策特別措置法案が参院否決後、衆院の3分の2以上の賛成で再可決して成立
	2月19日	海上自衛隊のイージス護衛艦「あたご」がマグロ漁船と衝突
	3月12日	参院で武藤敏郎日本銀行副総裁の日銀総裁案が否決
	3月19日	参院で田波耕治元大蔵次官の日銀総裁案が否決
	3月27日	福田首相が道路特定財源制度の一般財源化を表明
	4月1日	後期高齢者医療制度が開始
	4月9日	第30代日銀総裁に白川方明副総裁を任命
	5月7日	東京で日中首脳会談（胡錦濤国家主席）
	6月11日	福田首相に対する問責決議が参院本会議で可決
	7月7日	北海道で主要国首脳会議（洞爺湖サミット）開催
	8月1日	福田改造内閣が発足
	8月8日	北京オリンピック開幕
	8月26日	太田誠一農水相の事務所費問題が明らかに
	9月1日	福田首相が退陣表明

2006年	9月20日	自民党総裁選で安倍晋三官房長官を第21代総裁に選出。立候補者は3氏で、安倍官房長官464票、麻生太郎外相136票、谷垣禎一財務相102票
	9月26日	小泉純一郎内閣が総辞職し、安倍内閣が発足
	9月29日	安倍首相が初の所信表明演説
	10月8日	安倍首相が北京を訪問し、日中首脳会談
	10月9日	北朝鮮が地下核実験に成功と発表
	12月4日	造反議員11人の復党を承認
	12月5日	防衛庁の省昇格法が成立
	12月27日	佐田玄一郎行革担当相が不適切な会計処理の責任を取って辞任
2007年	2月21日	日銀金融政策決定会合、ゼロ金利を解除した2006年7月以来7カ月ぶりの利上げ
	4月3日	約5,000件におよぶ年金記録漏れが判明し、「ねんきん定期便」の送付を開始
	5月28日	松岡利勝農相が議員宿舎で自殺
	7月3日	久間章生防衛相がアメリカの原爆投下に対する「しょうがない」発言で引責辞任
	7月29日	参院選で自民党が歴史的敗北、民主党が第一党に
	8月1日	赤城徳彦農水相が絆創膏を貼って会見
	8月27日	安倍改造内閣が発足
	9月3日	遠藤武彦農相が補助金不正受給で辞任
	9月12日	安倍首相が退陣表明
	9月23日	自民党総裁選で福田康夫元官房長官を第22代総裁に選出。立候補者は2氏で、福田元官房長官330票、麻生太郎幹事長97票
	9月25日	安倍内閣が総辞職し、福田内閣が発足

「新しい政治」への胎動

2009年6月29日　第1版第1刷発行

著者　氷川清太郎

発行者　村田博文

発行所　株式会社財界研究所

［住所］〒100-0014東京都千代田区永田町2-14-3赤坂東急ビル11階

［電話］03-3581-6771

［ファクス］03-3581-6777

［郵便振替］0018-3-171789

［URL］http://www.zaikai.jp/

装幀・本文デザイン　有限会社フォリオ

印刷・製本　凸版印刷株式会社

ISBN 978-4-87932-063-6

定価表示はカバーに印刷してあります。